KB166635

바다가 보물이라

호미곶 해녀의 삶과 바다 음식 이야기

바다가 보물이라

호미곶 해녀의 삶과 바다 음식 이야기

박찬일 글 / 김수정 사진
김남일 기획 / 정훈진 제작총괄

1판 1쇄 발행 | 2022. 12. 20

발행처 | **Human & Books**
발행인 | 하응백
출판등록 | 2002년 6월 5일 제2002-113호
서울특별시 종로구 삼일대로 457 1409호(경운동, 수운회관)
전화 | 02-6327-3535~7, 팩스 | 02-6327-5353
이메일 | hbooks@empas.com

ISBN 978-89-6078-765-0 03910

바다가 보물이라

호미곶 해녀의 삶과 바다 음식 이야기

글 박찬일 / **사진** 김수정

Human & Books

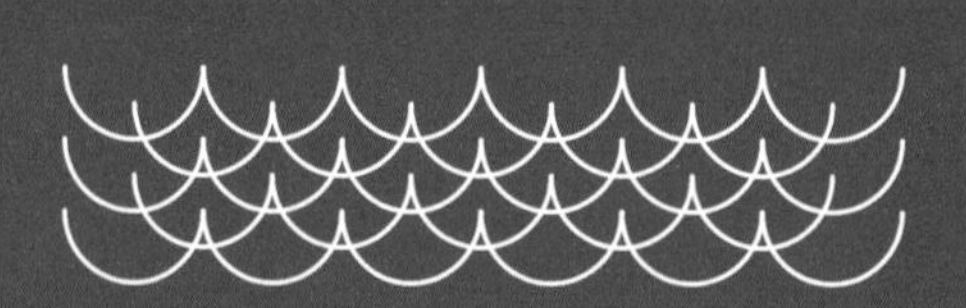

⁄ 서문 ⁄

해녀는 인문학적 퇴적층

해녀는 직업으로서 매우 드문 존재다. 한국과 일본에만 있다. 해녀의 직업이 독특한 것은 사람이 가진 고유 호흡만으로 잠수하여 해산물을 채취하고 건진다는 점이다. 잠수기가 개발된 이후에도 그런 오랜 어업 방식을 고수하고 있다. 이는 인류가 당면한 '지속가능한'이란 수식어에 절묘하게 부합한다. 바다에서 오래 숨 쉴 수 없는 인간의 한계를 그대로 수용하고, 그 경계 안에서만 작업한다. 고대로부터 시작된 유구한 역사를 가진 인간의 물질은 해녀라는 존재로 남아 위기를 맞은 지구의 상징이 되었다. 그들은 순전히 몸과 경험으로 바다에서 귀한 물건을 건져낸다. 해녀의 삶은 또한 우리가 기대고 살았던 어머니 시대의 기록이기도 하다. 거친 파도, 억센 조류에 맞서 바다에 뛰어들었으며 세상의 무관심과 나아가 냉대와도 싸워왔다. 그것은 가족을 부양하고자 했던 어머니의 생존 방식이었다. 그런 일련의 시절이 누적되어 우리는 해녀라는 한 인문적인 퇴적층을 인간의 역사에 새겨 넣을 수 있게 되었다. 이 작업은 그런 과정을 이해하고 후대에 남기려는 경상북도의 시도로 시작되었으며, 나는 구술을 듣고 기록하는 사람으로 쓰였다.

경상북도의 해녀는 전국 2위의 숫자인데 수를 떠나 사실상 제주와 함께 유이하게 남아 있고 유지되는 문화권이다. 특히 울진, 영덕에서 포항, 경주로 이어지는 해녀 벨트는 경북 어업사의 중요한 대목인데 상대적으로 주목받지 못했다. 이번에 호미곶, 구룡포 해녀 취재를 통해서 그 일부가 메워지리라 기대하고 있다. 특히 해녀의 작업물로 만드는 요리를 함께 채록함으로써 역사에서 점차 큰 비중으로 성장하고 있는 음식사의 한 대목을 채워 넣을 수 있게 되었다고 생각한다. 경북의 해녀 '엄마들'은 자신의 바다를 떠나 울릉도는 물론이고 멀리 서해안과 남해안에서도 장기 체류하며 작업하는 게 일상적이었다. 나아가 러시아, 호주 등에도 진출해서 일한 사실도 이번 작업에서 확인되었다. 경북 해녀의 원정 역사에 기록해둘 사실이 아닌가 한다.

해녀들을 일일이 대면하고 지나온 삶의 회고, 해녀 작업의 구체적인 사정을 듣는 일은 즐거우면서도 엄중하고 힘들었다. 그들이 겪어온 시대의 고통, 노동의 애로, 개인사의 간난신고가 모두 토로되었기 때문이다. 그런 기억을 힘겹게 꺼낸 말씀의 가치를 어찌 다 계산할 수 있을까. 부디 건강하게 오래 사시면서 당신들이 하고 싶은 만큼 오래 작업하시길 빈다. 당신들이 보여준 해녀의 자부심, 동료애는 간혹 듣는 이의 가슴을 뜨겁게 해주었다고 여기 다시 쓴다.

김남일 환동해지역본부장의 해박한 바다 지식과 경험, 통찰력에 큰 도움을 얻었다. 일이 안 되면 가장 먼저 떠올리는 사람이 김 본부장이었다. 2년간 모든 취재 자리에 함께 해 준 김수정 사진가도 큰 도움이 되었다. 해녀 집의 수저 개수까지 안다는 그의 인맥이 없었다면 나는 아직도 호미곶을 헤매고 있을 것이다. 그의 현장감 있는 사진이 이 원고의 부족함을 메워주었다. 책의 방향을 잡아준 영덕로하스식품수산지원센터의 김명욱 센터장에게도 깊은 감사를 드린다. 같은 센터의 정훈진 박사는 꼭 필요할 때 나타나서 구원해주는 '정반장'이었다. 또한 각별히 감사드린다. 역시 가장 큰 감사는 경북의 해녀들에게 드려야 한다.

2022년 12월 박찬일

차례

바다가 보물이라, 바다 없이는 못 살았어

원년자 해녀

바다가 보물이라, 바다 없이는 못 살았어

원년자 해녀

구만리 자택에서 인터뷰했다. 남편(차연수)과 함께 지은 집이다. 깨끗하고 아름다우며, 마당이 넓어 어촌에서 쓰기에 기능적이다. 예전에 한 번 방문한 적이 있는데 원년자(83) 해녀는 이 마당에서 깨를 털고 있었다. 거실에 들어서니 '구룡포성모내과의원' 전화번호가 크게 써 있는 종이가 붙어 있다. 나이 든 해녀는 아프다.

어디나 그렇지만, 연로한 댁의 기본 '인테리어'는 가족사진이다. 손자 손녀 사진이 예쁘게 붙어 있다. 마침 파도가 세게 치고 있어 작업을 못 나갔다. 인터뷰하기 좋은 날이다. 오래된 결혼식 사진도 보인다. 친정에서 반대해 큰아이를 낳은 후에야 올린 결혼식이다. 1남 3녀를 낳았다. 커피를 내왔다. 해녀 커피다. 달달한 믹스커피를 그리 부른다. 농어촌의 필수 피로회복제가 된 그 커피. 원년자는 제주 출신이다. 이곳 말씨와 제주도 말씨가 섞여 있다. 많은 경북 해녀가 그렇듯이 제주 해녀의 이주사(移住史)사는 경북의 현대 인물사, 산업사(어업사)의 일부를 이룬다고 할 수 있다.

원: 우리 가족이 모두 열아홉 식구예요. 모두 행복하게 지내고 있으니까 좋아요. 자식들도 그걸 잊지 말라고 얘기해요.

그이는 가족의 생계를 일구고, 이끌어오고, 자손을 번성시킨 자부심이 있다. 팔순을 넘어서 그 과거를 돌아보고 있다. 얼굴이 편안하다. 건강은 여러 문제가 있지만, 몸이 꼿꼿하고 기운이 넘쳐 보인다. 아직도 상군급의 물질을 하는 해녀다. 제주도 제주시 월정면 구좌리가 고향이다. 친정아버지가 서당 훈장을 하는 집안에서 태어났다.

원: 내가 사연이 많아요. 내 힘으로 벌어가지고 고생을 많이 했어요. 어느 날엔 호주, 러시아까지 갔어요. 흑산도, 강원도 일대 안 다닌 데가 없어요. 여기서 작업이 없을 때 일당이 더 많다고 하는 다른 데를 갔어요. (고생이 엄청 많았다.)

호주 러시아에 전국을 돌며 물질하던 시절

원년자는 제주에서 이주-국제적인 원정 노동 등의 파란만장한 시절을 보냈다. 먹고 살기 위한, 우리 부모님 세대의 한 역사를 한 몸으로 떠안았다. 그 얘기를 들어보려 한다. 호주에는 쉰 살, 러시아 블라디보스토크 쪽의 바다에는 쉰셋 나이에 일하러 다녀왔다. 국제 원정은 끝났지만, 국내는 나이가 많이 들어서도 작업하러 다닌다.

동료들과 보라성게 잡이. 운단이라고 해녀들이 부르는 보라성게는 보통 여름에 배를 타고 나가서 깊은 바다 작업을 한다. 호흡과 싸워야 하는 고된 일이다.

평생을 당신과 함께 해온 망사리와 두룽박. 두룽박은 생명을 지켰고, 망사리는 밥줄을 지켰다.

원: 놓아두고 가니까 남편이랑 자식들이 고생이 많았죠. 몇 달씩 가니까. 호주에 운단하러 갔는데(작업은 효율이 좋은 산소통 맨 현지인이 하고), 작업은 안 시키고 운단 담는 기술자로 쓰더라고. 가르치는 일도 하고. 호주에서 그걸 작업해서 일본에 수출한다고. 우리가 운단 까고 담고 하는 걸 잘해요. (해녀들은 성게를 운단, 보라성게, 성긔, 안장구, 양장구, 안개이-안갱이 등 다양한 이름으로 부른다. 운단은 보통 보라성게를 뜻한다.)

박: 몇 분이 가셨어요?

원: 구만리에서 여섯 명. 부산 출신 사장이 인솔해서. 호주 가니 전복도 많이 나와요. 크고. 머구리가 전복 잡더라고. 우리가 산소통 메는 스쿠버보다 월등히 작업을 잘 하는데 상어 때문에 물에 못 들어가게 해요. 쉰 살에 갔어요. 삼십 년 넘었네 이미. 호주 운단이 우리 운단하고 달라. 상처가 나면 누런 진이, 커피 같은 진이 나와서 일본에서 안 받아줘서 그 사장

이 실패했어. 돈도 못 벌고. 그 때 돈으로 한 달에 80만 원. 용돈 쓰라고 한 달에 또 5불 주고. 전화요금이지. 80만 원이면 그 때 대우가 최고로 좋은데. 그렇게 8개월 하다가 오니까 아이들이 중학교 초등학교 다니는데 (다 못 챙겨준 거야). 내 손 좀 봐, 전부 관절염이 와 가지고. (원씨는 평생을 물질하고 살림하고 고생을 했다. 우리 어머니들이 그랬듯이. 하지만 그이가 겪은 노동의 강도는 상상을 초월한다.)

구만리 바다에서 말똥성게를 잡고 있는 원년자 해녀.

원: 바다 가서 꼬께(해녀 작업 도구) 하니까 돌에 받혀가지고 고생을 많이 했습니다. 남편 시댁은 밭도 없고. 그런데 애들 교육은 다 시키더라고 남편도 동지상고 나오고, 데림이(도련님)도 (교육 잘 받아서) 포항서 좋은 회사 다니고. 남편이 돌아가신 지 4개월 됐어요. 급성 폐렴으로. 마음이 허전하고.

원씨는 남편이 돌아가셔서 많이 섭섭하다. 미우니고우니 해도 남편

하나 보고 제주에서 이곳 동해까지 시집을 와서 평생을 살았으니 그럴 만도 하다.

원: 너무너무 고생했어. 우리 바다가 보물이라. 바다가 없었더라면 내가 못 살았어. 해녀가 그렇게 욕심부리면 욕심부린 만큼 가져가 올 수 있고 게을크면(게으르면) 많이 못 가 오고. 바당에 그 재물이라는 거는. 나는 제주에서 스물세 살까지 작업도 할 줄 모르고 아무것도 모르고 살았는데 여기 와서 해녀 일을 시작한 거예요.

원씨는 남편과 만나서 결혼한 지난 사정을 쭉 얘기했다. 어머니가 남편과 결혼하는 걸 좋아하지 않았다고 한다. 이곳까지 다니러 와서 집 가난한 걸 보시고 크게 낙담했다고 한다. 헌데, 딸과 사위 보고 되돌아가시는 길에 그만 교통사고로 입원했다가 나중에 별세하고 말았다. 그게 원씨는

세상 고된 일이 성게알 작업이다. 잡는 것보다 뒷일이 더 힘들다. 해녀의 근골격계 질환은 상당수가 이 작업 때문에 심해진다.

지금도 너무 원통하고 미안하다. 마침 흑산도에서 원정 물질 작업을 간 상황이었는데, 전보가 왔다. 당시 전보치고 교통편 나쁜데 늦게 가느라 모친상이 9일상이 되었다.

원: 엄마 묻는 거는 봐도 (임종도 못하고 입관이 되어 있었으니) 신체를 못 봤다. 그게 상처가 되더라고요. 그래서 마음을 먹고 나라도 잘 살아야겠다, 자식들이라도 공부시켜야겠다(해서 열심히 해녀 일을 했다). 남편이 (생계하기 위해) 머구리배, 요새 말로 스쿠버다이빙을 하다가 허리를 다쳐서 7년을 누워 있었어. 그렇게 살려고 내가 일하고 작업해서, 이제 60년 동안 일을 했어요. 그래가 살다보니.

박: 흑산도는 몇 살에 가셨어요.

원: 그때는 해녀 없는 데로 많이 갔어요. 강릉 삼척 안 다녀본 데가 없고 전라도는 흑산도 경상도에 충무 통영. 해삼밭이 좋아. 이 동네서는 유월에 운단이 대목이거든. 그거 끝나면 겨울에는 이 동네 일이 없어서 외지로 간 거예요. 흑산도에 전복이 많다고 해서 갔는데 작업이 별로였어요. 그래도 선금받고 자식들 먹여야 하잖아요. 그래 다녔지. 돈도 못 모으고. 마흔 몇 살 되어서 빚 다 갚고(물질해서 빚도 갚고 살림도 일으키고 자녀 교육에 집도 지었다는 말씀이 이어진다).

박: 여수도 가셨다고 하죠?

원: 여수는 열일곱 살 때 우리 언니가 여수에서 자무질 해서 뭘 잡으면 내가 오동도 가서 팔고(웃음). 그때 이모가 부산 사셨는데 부산 나오니라, 야간중학교라도 보내줄 테니까. 그때 영도섬 영도 야간중학교를 가는데 이틀 가고 못 갔다. 나이든 실업자들도 다 배우러 오는데 밤에 막 붙잡고 해서 무서워서 못 갔다. 무법천지라. 그래서 이모한테 얘기했더니 미용기술이라고 배우려나. 학원에 가서 배우는데 불파마, 냄새가 나서 멀미가 일어서 못하겠다고, 그래서 국제시장에 가서 장사하자. 그때 일본에서 비로도(빌로드 섬유) 장사, 가야마(밀매업). 허리에 비로도 감아서 숨케가(숨겨서) 몰래 댕기고. 돈도 못 벌고 고생만 했어.

물이 차서 뼈가 다 시리더라

박: 여수에서 얼음 깨고 들어가 잡고 고생하셨다고요.

원: 여기 마을 해녀들과 팀 짜서 갔어. 게지바리(키조개잡이)하고 고생 많이 했어요. 겨울에 가요. 얼마나 추워. 뜨뜻한 방이 없어. 인솔자가 버린 집에서 불 때가 생솔가지를 때서 연기가 자욱한데 거기서 해녀 아홉 명이 잤어. 다음날 아침에 물에 가라 하니까 배가 말이시더, 얼음이 꽉 차가 스크류가 안돌아가. 그래서 해녀들이 갑옷 입고 막 깨가(겨우 배가 나갔는데) 물에 들어가니까 너무너무 추워가 빼(뼈)가 시리가, 내가 우리 애들 학교 못 시켜도 할 수 없다, 물에 안 들어갈란다, 그래서 배에 올라가 보니 중간수물, 기계에서 나오는 물이 뜨듯하더라고.

박: 고무옷을 입어도 그리 춥습니까.

원: 고무옷 입고 장갑 고무장갑 끼도 그만큼 차가븐 물이 없어. 얼어 죽어요. 손은 얼고. 다시 시코미(일)라도 해야지 해서 또 물에 들어갔는데 조류가 반대편으로 흘러. 물따라 흘러 내려가버려. 물속이 캄캄해요. 게지(키조개) 숨구멍을 찾아서 (잡아야 하는데) 물이 더 캄캄해요. 무서워.

게지를 캐봐야 10킬로에 3천원, 5천원. 물속에 꾹꾹 밟으면서 댕기면서 게지를 발견해서 캐면 한 망 캐봐야 옛날에 뭔 돈이 되겠어. 일주일 해가 15만 원. 그래서 덧정 없어가 다신 안 댕겼어. 고생만 했지. 여기 우리 중대장 형님이 “난 점심 안 먹을란다. 힘들게 일해서 점심 사 먹으면 소화가 안돼”. 그러던 형님만 보면 마음이 아프거든. 내가 사드려야 되는데. 우리가 6촌간 사돈이거든. 그때는 그래도 청춘이라 고생해도 금방 잊어버려. 누가 또 어디 가서 일하자, 하면

일고여덟 명이 방 하나에 살면서 운단 가공 해가(성게 가공 해서) 밥 해가 (밥 해서) 먹으면 청춘이니까 그걸 잊어버려. 그만큼 고생 해가 와도 어디 가자 하면 가가 일고여덟이가 한 방에 살다가 운단 가공 해가 밥 해가 먹으면 밤 12시. 그것도 돈벌이라고 가 오면 그때는 쌀 한 가마면 몇 천 원씩 할 때라 보리쌀이라도 사오면 부자인가 싶으고. 그래도 부모가 마다한 결혼을 해서 자존심이 강해서 제주도 사는 언니가 부자인데 오라고 해도 안 가고 여기서 버텼어요.

옛날에 운단은 염 소금을 해가지고 일본에 수출해서 그거 한 통에 4만 원 받고 모은 돈을 꿍쳐가 옛날 버스 타고 아기 안고 가방 하나 딱 쥐고 집을 나온 적도 있어요. 부산에 친정식구가 살아요. 우리 애기가 동물원 보고 싶다고 해서 구경시켜 주고 영도다리 가서 점을 보는데 다시 포항 집에 돌아가라고 해서. 그런 일도 있었어요.

해녀의 긴 인생 얘기가 이어졌다. 그 시절 없이 사는 사람의 고난이 보통이었겠나. 해녀도 눈시울을 적시고 취재하러 나온 나도, 사진 찍는 김수정 작가도 눈물을 훔쳤다. 그이가 물질을 본격적으로 하게 된 그 무렵이었다. 큰애가 아직 어리고, 돈을 벌어야 하고.

크고 잘 보이는 큰 눈 수경

원: 지금 구만리 어촌계장의 엄마, 그 분이 내 육촌 동서간이거든. 형님 내 좀 살려주세요. 그랬지. 그랬더니 '열합(자연산 홍합) 따믄 한 가마

니에 오백원 준다더라' 해서, 갑시다! 해서 같이 잡으러 갔어요. 작업을 했는데 우리 형님이 (당신 몫을) 안 받더라고, 4천 원, 5천 원을 보내주고. 내가 그때는 물질을 못해서 천초도 몰랐다. 개천초를 뜯어가 나오고. 사람들이 나더러 "개천초 뜯어가 나왔다"고 놀렸어요. 처음 수경을 쓰는데 수경 벗으면 작은 것도 크게 보여. 바다가 얼마나 깊고 무서운지. 내 발이 이만큼씩 크게 보이더라고. 물이 무서운데 그때 악을 써가 몇 번을 하니까 되더라고. 살기 위한 몸부림이지.

수경(물안경)을 해녀가 착용한 것은 1960년대로 알려져 있다. 보통 수영선수들이 쓰는 것과 비슷한 쌍안경(족새눈)이 먼저 도입됐다. 이후 시야 확보에 더 편한 외눈 또는 왕눈의 수경이 보급되어 현재에 이른다.

안경 안에 습기가 차면 시야가 흐려져서 미역이나 쑥 등으로 닦아서 쓰기도 한다. 수경과 고무옷의 보급은 해녀의 장시간 작업을 도와주는 도구인데, 그만큼 노동 시간이 길어져서 건강을 해치기도 한다.

원: 스물넷에 시작해서 스물다섯 살에 물애(무래. 물질) 일이 해지더라고. 참말로 악물고 배우니까 일등 해지더라고요. 내가 오십 육십, 아니 칠십 살까지도 숙이(같은 마을 해녀인 최경숙 해녀. 상군)와 맞먹었는데 나이가 되니까 떨어지지.

원년자 해녀는 물질 원정으로 전국을 돌았는데, 러시아 블라디보스토크도 작업을 갔다. 물질보다는 후반 작업을 했다. 스쿠버가 잡아오면 까고 가공하는 일이다. 마을에서 여섯 명이 팀을 꾸려서 비행기를 탔다. 일본이 점령했던 땅 사할린이다. 조선인이 일제강점기에 군인과 노역자로 끌려간 후 해방이 되어도 돌아오지 못한 슬픔을 우리 민족은 기억하고 있다. 지금도 사할린 동포 문제가 완전히 해결되지 못했다.

원: 비행기 타고 배 타고 갔어요. 제주도 보다 더 큰 섬이에요. 곰도 있고, 거기 가니 무법천지라. 밤에 혼자서 못 댕겨요. 무서워. 이북사람도 있고.

원씨는 3개월 만에 러시아 일을 끝났다. 현지 스쿠버가 잡아오면 가공하는데, 날씨가 너무 나빠서 스쿠버도 물에 들어가지 못했다. 물량이 없으니 귀국했다. 돈은 못 벌었지만 원씨는 이때의 경험을 소중하게 기억하고 있다. 특히 사할린 동포를 만난 얘기를 길게 해주었다. 그들의 삶이 가슴 아파서 가지고 간 옷가지, 생필품을 '가방째' 주고 입고 간 옷만 입고 돌아왔다.

원: 여기 구만리는 뭐든지 좋아요. 첫째가 운단. 맛이 전국 최고예요. 전복도 많이 나오고. 고깃배가 나가도 물이 원팡 세고 파도가 세기 때문에 고기도 맛있어요. 여름 가을에는 북서풍이 많이 불고 동풍도 많고 해서 작업이 잘 안되지만 봄여름은 잘돼요. 물이 세서 해녀들도 열 발, 열다섯 발씩 줄 해가 막 당겨가면서 작업을 하지. 두룽박만 뜨면 물 갈 때(물 흐름이 바뀔 때) 되면 1분도 안 되어 두룽박이 멀리 가버려. 그렇게 물발이 세다 보니 뭐든 탱탱하게 좋아요.

큰소리를 질러야 알아듣는 난청은 해녀의 고난

박: 바다에서 작업할 때 힘든 게 특히 뭡니까.

원: 여기는 바다가 물에 세요. 물소리가 휭휭 나요. 두룽박이 한참 떠내려가고, 그거 잡으러 가면서 힘이 들고. 돌에 줄을 달고 두룽박을 띄우잖아요. 다른 데로 작업을 옮겨야 하는데 돌이 안 움직여요. 해녀 일이 딥니다(힘듭니다). 엉덕(턱진 바위) 같은 데 걸려서. 사람 힘으로 안 될 때도 있어요. 해녀가 숨이 길면 내려가서 돌을 떼요. 요새는 저 신항만이 물조리를 막아주니까 옛날만큼 세지 않아요.

구만리 운단(보라성게)는 일본에서도 알아줬다고 한다. 대신 말똥성게는 별로였다. 석병, 대보리가 말똥성게는 또 맛있다고 한다. 알 수 없는 바닷속 사정이다. 원씨는 "천초도 요새 거의 안 보인다. 인근 다른 마을도 그렇다. 여름에 물이 잘 보이고 맑은데 올해는 물이 캄캄했다"고 말한다. '물조리'가 나빠졌다고 한다. "잘 안보여서 더듬어서 했다. 여름엔 특히 물이 맑았는데 이상하다"고 원씨는 말한다.

이야기가 해녀의 건강 문제로 흘러갔다. 흔히 해녀들이 목소리가 크다고 한다. 바다에서 일하느라 크게 소리를 질러야 들리기도 하겠거니와, 무엇보다 잠수 일에서 생기는 난청 때문이다. 필자는 해녀를 만나서 그이들의 난청 때문에 인터뷰가 오래 걸리고 의사소통이 힘든 경우가 많았다.

귀 어두운 건 문제없어 듣기 싫은 남의 말은 안 들으면 되니까

원: 귀 어두운 건 얼마든지 할 수 있어, 눈 안 보이는 거 못 살지. 귀 어두운 건 남의 말 안 들으면 되니까. 내가 놀러 안 가는 것도 남의 말을 안 들어서. 해녀가 다 귀가 어둡다. 나는 오십 안쪽에 이거 타 터져버렸다. 한 12m 내려가니까 운단 하러. 내려가는데 삐~ 소리 나더만. 무조건 내려갔지. 올라오니까 귀에서 피가 나더라고. 뭐야! 그때 바로 병원 갔어야 하는데 막 바로 안 가고 며칠 있어도 아프질 않아. 근데 자꾸 이상해. 고막이 터진 거여, 병원에 갔더니. 장애 3급이라. 장애 3급 되어봐야 뭐 혜택 없다. 전화요금 조금. 양쪽 귀 다 그랬다.

해녀는 수압 차이로 여러 질병을 얻는데 난청, 관절통, 두통 등이다. 해녀가 바다에 들어가서 작업을 하면 수압에 의해 질소가스가 혈액에 많이 녹아들어간다. 이 가스는 해녀가 다시 수면으로 올라갈 때 바로 빠져나오지 않고 혈액을 돌아다닌다. 이게 잠수병의 원인이 된다. 호흡곤란, 두통, 마비, 구토 등을 일으킨다.

박: 구만리 작업 구역은 얼마나 되나요.

원: 옛날에는 이 동네가 마이 컸다. 어촌계도 조합원이 백 몇 십 명 됐는데 이제는 4,50명밖에 안 돼. 해녀도 서른둘인데 실제 작업하는 사람은 열두 명이다. 그나마도 팔십 넘은 노인들 몇 있다. 나는 할 수 있으면 백 살까지도 하는데 호흡이 안 되는 게 그 전에는 12미터, 10미터 막 그

냥 쉬지 않고 꿉방 치고 내려가는데 이제 그리 못한다. 이거 전복인데 이거 하나만 딱 따고 올라와야 한다. 숨이 답답해가. 다시 내려가면 딴 해녀가 따고. 그래도 올라와야 된다. 그래도 전복은 내가 안 딸린다. 기술이 있으니까. 운단은 힘이 부쳐서 어렵다. 좀 젊은 사람이 50킬로 하면 나는 20킬로나. 전복 기술이란 건 전복 보는 과정이 달라요. 전복은 보이는 사람과 안 보이는 사람이 있어요. 한 자리에 있는 전복도. 내가 암만 노인이라도 전북 보는 기술이 있어 돌 옆에 붙는 데를 내가 잘 알아. 그렇기 때문에 전북은 안 빠지는데 운단은 눈으로 보고 내려가는 사람이 무조건 1등이거든. 바다 안에 까맣게 올라오니까. 근데 내려가는 사람이 젊은 사람은 열 번 내려가면 나는 세 번 네 번 밖에 못 내려가니까. 노인이라 호흡이 안 되니까. 그러니까 마음이야 얼마든지 할 수 있을 거 같지만 그게 안 돼요. 아이들도 위신이 있으니 그만 하라고 하는데 위신이 밥 먹여 주는 건 아니니까. 내가 하는 날까지 할 거다.

전복도 가만히 있는 것 같지만

전복은 철이 비교적 또렷한 다른 작업물과 달리, 사철 있는 편이다. 특히 명절 앞두고 헛물질로 많이 한다. 헛물질은 개인 작업이다. 어종과 수량을 자유롭게 할 수 있어서 해녀들이 선호한다. 작업장의 물건은 기본적으로 어촌계의 공동작업 대상이다. 헛물질은 자주 허용되지는 않고, 명절 전에 제수 마련이나 돈이 필요할 시기에 어촌계에서 정하여 실시한다.

전복은 값이 비싸고 잘 팔리니 해녀들이 좋아한다. 옛날에 유통이 좋지 않을 때는 말리거나 삶아서도 팔았다. 요새는 산 채로 팔린다. 전복은 여름에는 바위 밑에 숨어 있는 경우가 많다. 더우니까 시원한 곳으로 숨어드는 것이다. 겨울이 되어 추워지면 바닷속 바위 위에 올라와 있어서 눈에 띄게 된다. 전복은 가만히 바위에 붙어 있는 것처럼 보이지만, 실제로는 빠르게 이동도 한다.

원: 한 저쯤 가면 있겠지 싶으면 그건 틀림이 없어. 전복이 있어. 그게 기술이야. 전복이라는 거는 사람 눈을 속이거든. 똑같이 내려가도 안 비는(보이는) 사람한테는 안 비어. 운단은 내려가면 하얀 돌에 붙어 있어. 잘 보이지.

보통 해녀들은 정해진 숨만큼 참고 내려가서 최대한 많은 탐색, 채취를 하려고 한다. 사람 숨이란 건 아주 제한적이고 그만큼 마음이 급하다. 바닷속의 낭만 같은 건 절대로 없다. 원씨처럼 엄청난 경력의 해녀 정도 되면 때로는 바다의 아름다움이 보일 때도 있다. 여유인 듯하다.

원: 바다 안이 정신없다. 그래도 예쁘다. 어떤 고기는 참 희한해. 야 너도 예쁘구나. 바다에 가면은 참말로야 어떤 데는 야 고기가 말이다. 너도 예쁘구나 가면 가만히 보면. 문애(문어)는 이래가 이제 발로 이렇게, 문애가 색깔이 많이 변하거든. 사람 눈 속인다고 문애는 희한하니더. 이 바다에 운단이나 가만히 있지 그 바닥에 가면 예쁜 짓들 하는 것들이야. 고기도 얼마나 예쁜 짓 하는 거라. 이래가 사람 보면 야 예쁘다. 망통이라고 있어. 눈만 끔적끔적 별 거 다 있어요. 바다에 가면 그거 보니라고 시름 다

잊어버려요. 전복도 꼬께(채취 도구)로 뗄라카믄 눈이 있기 때문에 살려고 안 떨어지려고 살려고 다 숨어버려. 그러면 따기가 힘듭니다. 다시 세 번 네 번 내려가면 흠집이 나고.

젊은 해녀를 그렇게 보내고

동해는 별신굿이 유명하다. 바다에서 사는 사람들은 오랜 세월동안 제사를 올리면서 풍어와 재해 예방을 기원해왔다. 원년자 해녀는 개인적으로 오랫동안 바다에서 제를 지내오고 있다.

원: 해녀들, 우리들은 용왕님 덕분에 산다고 옛날부터도 엄마따라 배웠지. 용왕님을 대접한다고. 용왕님을 먹어야 한다고. 정초에 인자 강아지 새끼 놔도 안 보고 부정 타지 말라고. 깨끗하게 가야 돼. 첫째가 우리 동해 바다거든. 동해 바다 용왕님이여. 서해 바다 용왕님이여. 남해 바다, 북해바다 다 빌어. 먹고 살게 해주시고 나쁜 건 막아달라고, 자꾸 이래 빈다. 쌀로 공양도 하고. 소지도 올리고, 막걸리도 올리고.

박: 위험을 막아달라고 하는 거죠. 물질하시다가 위험한 적이 있었어요?

원: 거의 없었는데 동네 미역 할 때 배 노 젓을 때라. 미역을 풀 때 사람이 없는 줄 알고 노에 맞아서 한 번 다쳤다. 나는 그래도 꾀가 많아서 안 다쳤다. 내가 엄펑덤펑 살았으면 지금까지 살았겠나.

독수리바위에서 기도를 드리는 원년자 해녀.

원씨가 기억하는 옛 사건이 하나 있다. 젊은 해녀, 아까운 해녀가 사고로 갔다. 그 일을 상세히 기억한다. 해삼바리(해삼 작업)하러 잠수했다 올라오다가 고기 그물코에 나바리가 걸려서 일어난 사고다. 나바리란 해녀가 허리에 차는 납띠다. 이걸로 물에 내려가서 작업을 할 수 있다. 허리에 부담을 줘서 요통, 디스크 등을 유발한다. 그 사건을 여기 자세히 적지 않는다. 다만 이 말은 가슴에 깊게 남아서 그대로 옮기고자 한다. 그이는 이 기억을 꺼내면서 가슴이 먹먹한지 목소리가 낮게 잠겼다.

원: 시신을 찾아 건져 내가 다 목욕시켰다. 해녀들은 나이가 많든 나이가 적든 같은 동료니까 건져다가 잘 씻겨 보냈다.

구만리 바다는 '깨끗한' 바다다. 물살이 세서 지저분한 것도 다 떠내려가 버린다고 한다. 바다 속도 '엉장'(낭떠러지)도 없고 우뚝우뚝 서는 것도 없다고 한다.

원: 여기 해녀들이 잘한다. 숙이(최경숙 해녀)는 수술도 하고 그런데 이십미터는 내려간다. 나는 한창때 십사오미터 갔나. 그거 하고 귀 빵꾸나 버리고(농담으로 웃으면서 당신의 고막 사고를 말함).

바다가 나를 선택했어요

성정희 구룡포리 어촌계장

바다가 나를 선택했어요

성정희 구룡포리 어촌계장

성정희(71) 어촌계장은 마침 출타를 할 참이었다. 한 해녀가 남편상을 당했기 때문이었다. 해녀들의 끈끈한 사이를 생각해보면, 그이가 가서 할 일이 있을 터였다.

박: 여성 어촌계장, 그것도 해녀가 되신 걸 늦게나마 축하드립니다.

성: 아이고. 송구합니다. 인사를 많이 받아서. 계원들이 투표해서 저더러 일 많이 하라고 하신 거라 부담스럽습니다.

포항에는 80개의 어촌계가 있다. 여성 어촌계장으로는 청진2리 다음으로 2호가 된다. 그이는 해녀로서 어촌계장을 맡아서 더 이채를 띠었고, 언론 인터뷰도 많았다. 한 신문에 인터뷰에서 이렇게 말했다.

"여자도 도전하면 할 수 있다'라는 성취감을 맛봤습니다. 어촌계원들과의 끊임없는 소통은 물론 투명한 운영을 통해 침체돼 있는 어촌계에 생

기를 불어넣고 싶습니다." (한국수산경제 2021. 4.27)

어촌계장은 직접 투표로 선출하며, 임기는 4년이다. 계원들의 일과 어촌계의 여러 계획을 수립하고 이끌어가야 하는 자리다. 일이 많고 어렵다. 특히나 해녀가 많은 어촌계라 깐깐한 해녀들의 요구를 충족시켜야 한다.

해녀가 먹고 살 길을 찾아야 한다

성: 모르겠어요. 제가 잘할 수 있겠다 생각은 했어요. 벌써 일 년 되었어요. 저도 해녀니까 물질도 해야 하고 회의도 많고 바쁩니다. 어떻게 일 년이 갔는지 모르겠어요. 우린 해녀회관 건립도 해야 하거든요. 돈도 모아야 하고. 해녀학교도 세워야 하고. 생각해보세요. 자원이 고갈되고, 해녀도 사라져 가고 있는데 앞으로 어촌계는 뭘로 먹고살지 고민도 해야 하고요.

박: 정신이 없으시겠습니다.

성: 국고도 좀 받아야 하고, 돈이 많이 듭니다. 이 가게도 지금 챙겨야 하고. 우리 딸이랑 사위가 물려받기도 해서 지금 일해요. 사람 상대하는 게 힘들죠.

박: 이 가게(해녀전복집)를 여신 건 언제예요.

성: 첨에는 해녀가 잡은 물건만 도매했어요. 식당은 안 했고. 사람들이 해녀 물건 있으니까 뭐 만들어 달라고 해서 하게 됐어요.

제주에 가면 해녀의 집이 흔하다. 해녀가 그날그날 잡은 해산물로 회로 썰고 음식도 한다. 싸고 싱싱한 집으로 정평들이 나 있다. 아마도 그런 모델로 생겨난 듯하다. 울산에 가도 비슷한 해녀 난전이 있다. 이 식당은 구룡포 해녀의 물질이 음식이 되어서 팔리는 곳이 되었다. 시식을 해봤는데, 전복을 수평으로 썰어서 씹히는 맛을 독특하게 한 점이 별미였다. 거기에다 포항만의 해조 반찬이 입맛을 돋워주었다.

성: 여기는 해녀가 바다만 보고 살아요. 일 년에 절반 이상 작업하는

해녀는 아무 데도 없을 거예요. 프로들이지. 그런 어촌계에 내가 있으니까 신경이 많이 쓰여요. 첨 여기 올 때 해녀가 백 명 가까이 있더라고요. 88올림픽도 하기 전인 84년도쯤. 첨엔 해녀를 안 하다가 나중에 했어요. 내가 당시에 좀 부잣집에 태어났어요. 그 당시 대구에 유학을 갔으니까. 대구 경북여상 졸업하고 서독 가려고 간호학원을 갔어요.

그이가 말한 서독이란 70년대의 간호사 독일 파견 얘기다. 광원과 함께 독일(서부 독일. 서독)에 파견되었고 많은 외화를 벌어주었다.

성: 부산서 남편을 만나서 결혼하면서 독일 가는 건 무산됐지요. 남편이 사업을 하는데 식품쪽이라 까다롭고 잘 안됐어요. 그래가 이 집으로

오게 됐어요. 이 집이 친정이라. 내가 태어나서 자랐지. (웃음) 먹고살아야 하는데 뭘 해야 할까 고민이 많았어요. 부산서 보험회사도 다녔어요. 남편도 다시 회사를 다니는데 아무래도 생계가 쉽지 않아요. 어느 날 친정에 딱 와보니까 옛날 생각이 나요. 해녀들이 어릴 때 말똥성게라든지 전복 이런 걸 안 잡았어요. 당시엔 주업이 천초(우뭇가사리)였거든. 일본 수출도 마이 하고. 도박(해조)도 마이 하고. 옛날에 천초를 모래사장, 학교 운동장에도 말리던 게 기억이 나요. 말똥성게 보니까 고소득인데 사람들이 이제는 하더라고. 지금도 일본에 많이 팔아요. 나무판에 백그람씩 달아서 팔고. 귀해요. 도시에서 사느니 여기 와서 말똥성게도 잡고 해녀를 해보자, 내가 수영을 잘했거든. 여기 해녀한테 물어보니 해보라고 해요. 어릴 때 도박, 천초 뜯어서 엿 바까먹고 그랬거든. 어릴 때부터 바다가 그래 좋았어요. 그럼 해녀를 해보자. 내가 바다를 찾은 게 아니라 바다가 나를 선택한 거 같아요. 그때. 또 미역도 있잖아요. 미역은 양식이 없었어요. 옛날에 우리 집이 미역 돌도 갖고 있었어요. 아주 큰 돌.

미역 뿌스레기를 줘도 떡을 주던 시대라

당시엔 지금처럼 남해안의 미역 양식이 활발하지 않았고, 무엇보다 미역 소비가 많았다. 생각해보라. 요즘 신생아 출산이 20만 명대인데 당시에는 100만명 안팎으로 태어날 때다. 산모용 미역이 불티나게 팔렸다. 기본 반찬으로도 미역은 최고 인기였다.

성: 미역 뿌스레기를 줘도 떡을 바까묵을 수 있던 때가 그 시절이었어요. 미역이 비쌌다는 거예요. 그때 고등학교 다니러 대구에 갔는데 귀에 파도소리가 들려요. 집에 오고 싶지. 근데 남동생이 공부 잘해서 대구에 유학을 또 왔어요. 그러다가 앞에 말씀드린대로 결혼하고, 고향 친정에 나중에 돌아온 거예요.

박: 바로 해녀 일을 시작했어요?

성: 그렇죠. 제가 애를 기르는데, 이게 좋아요. 어디 가서 강의를 제가 하는데, 늦가리(늦깎이) 해녀다, 30대 후반에 시작했다, 대신 희망을 잃지 않았다, 그렇게 말씀드려요. 해보니까 좋은 점이 있어요. 해녀는 애 기르면서 하기에 아주 좋아요. 일을 하루종일 하지 않아요. 대개 오전만 하니까. 그것도 일 못하는 날도 많아. 애들 보기 좋아요. 또 수입도 괜찮아요. 남자들만큼 벌 수 있어. 대신 파도와 싸워야 돼. 그건 어쩔 수 없다. 그래 생각해요. 우리 구룡포 어촌계 해녀들, 엄청나게 열심히 해요. 일한만큼 결과가 나온다, 우리 열심히 해보자! 그렇게 서로 격려하고 해요.

박: 막상 사십이 다 되어 해녀를 해보려니 쉽지 않으셨을 텐데요.

성: 맞아요. 수영은 할 줄 아는데 생물 채취를 해본 적이 없으니까. 연습한다고 바로 안 돼요. 전복 한 마리도 못 잡고 남들 뒤따라가니까 나는 잡을 게 없지. 젤 부끄러운 거라. 근데 다른 해녀가 내 망태기 보더니 슬쩍 성게를 넣어주는 거야.

박: 아.

성: 그때부터 열심히 더 하게 되더라고요. 조개잡이는 잘 했어요. 웅피. 돈 되는 고급 조개예요. 명지조개도 있고, 고둥도 억수로 많고. 하루는 한 번에 이백오십 키로도 했어요.

박: 와!

성: 난 깊이는 못 내려가요. 심장이 좀 안 좋은가봐. 조개 같은 거, 물가에 있는 거를 많이 했어요. 조개 잡기도 쉽지 않아요. 꼬께로 잘못 건드리면 모래 밑으로 숨어버려요. 한 번에 탁 이리 잡아야 돼요. 조개는 다른 물건과 달리 저녁 여섯시까지 해요. 해가

질 때 꽃이 나요. 조개 눈이 있어요, 그걸 물속으로 보면 그게 꽃 피는 거 같아요. 그래서 꽃이라 해요. 그 시간에 많이 잡게 되는 거지. 억수로 재밌어요. 이제는 그 조개도 없어요. 수온이 변해서인지 뿔소라가 많은데 옛날엔 없었어요. 열합(홍합, 섭)도 많이 없어졌어요. 멍게는 별로 없고. 모자반도 없고. 바다 생물이 많이 바뀌었어요. 내가 물애는 잘 못해도 팀은 잘 짜고 구성을 잘했어요. 한 팀에 스물다섯 명. 그때 리더십이 있다고들 했어요. 물질을 잘하지 못하는 해녀가 리더가 될 수 있다는 거죠. 작업 잘 받아오고, 리더십 보여주고. 그때는 바다를 사고팔았어요. 기지라고 부르는 작업구역을. 그때 내가 열심히 뛰었어요. 기지 잘 사서 해녀들 수입 늘렸어요. 구십 몇 년도 일이에요. 이십 년 넘었어요.

그때 바다 기지 거래를 했어요. 내가 상고 나왔잖아요. 계산이 잘 되고 수완이 있다고들 했어요. 기지(한 마을 해녀 어장)마다 가격이 달라요. 해녀가 없으니까 작업권을 위탁하는 거예요. 해녀들이 잘 작업할 수 있는 기지를 확보해서 내가 제공하는 거예요. 그걸 해녀들이 좋아했어요. 일을 많이 할 수 있고, 수입이 늘어나니까.

바다가 너무 좋아서 운명이라 생각해

성 계장은 '카네기 스피치'를 공부했다. 비즈니스에 대한 태도를 배운 것이다. 그는 대중 앞에서 스피치를 하면서 숫기를 늘렸다고 한다. 경력이며 태도며 특별한 해녀다. 다들 학력도 높은 수강생들을 앉혀 놓고 스피치를 해야 하는데, 뭘 해야 할지 몰랐다. 그때 당신이 가장 기억나는 일

2022 경상북도민의 날에 상을 받는 성정희 해녀.

을 솔직하게 하라고 스피치 교실에서 조언을 받았다.

성: 어려서 어떤 애랑 싸웠어요. 그런데 그 애가 '내가 너처럼 부잣집에서 잘 먹었으면 지지 않았을 거야'라고 하는 거예요. 그때는 그 의미를 몰랐어요. 나중에 내가 어려워지니 그 뜻을 알겠더라, 그렇게 발표를 했어요. 많은 칭찬을 들었어요. 그런 거라고 생각해요. 남의 처지를 잘 생각해 보자.

박: 그 후에 해녀 일이 잘 되던가요.

성: 네. 내 일도 잘 되고 팀도 잘 되고. 일을 하면서 마이 배웠어요. 같은 성게라도 뭘 먹고 자라면 상품가치가 높은가. 그런 것도 보고.

박: 예를 들면요.

성: 대황이나 고피 이런 거 먹으면 색이 어두워. 높이 안 쳐줘요. 파래나 도박이나 우뭇가사리 먹은 게 색이 예뻐요.

성: 나는 바다가 너무 좋은가 봐요. 중학교 다닐 때도 새벽 세 시, 네 시가 되면 바다에 나가요. 해초를 끌어모으는 거야, 그게 그렇게 좋았어요. 내가 부지런하고 빨리 가면 돈을 벌 수 있으니까. 그런 어린 나를 해녀들이 할머니 같다고 그랬어요. 잠도 없이 바다에 나온다고. 그걸로 내 학비를 벌었어요. 산에 가서 나무도 했어요. 엄마가 못 가게 했는데. 어릴 때는 나무 땠어요. 산지기한테 낫 뺏기고 울고. (웃음)

우리 구룡포는 변화가 필요하다고 생각해요. 계장이 되고나서. 결심을 했어요. 열심히 하겠다고 신조로 했어요. 나는 우리 해녀의 도움으로 먹고 살 만한데 우리 해녀들 삶은 여전히 가난하다, 그러니 내가 도와야 한다. 그렇게 결심했어요.주말에 보면 관광객이 수없이 몰려와요. 그런데 볼거리가 그리 없어요. 이 앞에다가 먹거리 시장을 만들고 체험 학습도 할 수 있는 그런 해녀 회관을 만들었으면 해요.

성정희 어촌계장은 할 말이 많았다. 꿈을 설명하는 것이었다. 이런 여걸을 보는 것도 쉬운 일이 아니라는 생각이 들었다. 끊임없이 할 일을 만드는 사람이었다. 놀라운 해녀를 한 분 보았다.

깔때기국수 맛좀 보이소

성 계장은 취재팀을 위해 왕년에 해녀들이 만들어먹던 깔때기국수를 직접 시연해주었다. 깔때기국수의 어원은 정확하게 알려져 있지 않다. 해녀들은 "입이 깔깔할 때 먹으니 그렇게 이름이 붙었을 것"이라고도 한다. 깔때기는 많은 액체나 자잘한 입자를 옮겨 부을 때 쓰는 도구인데, 이 국수와 연관성을 찾기 어렵다. 따라서 해녀들의 기억과 추측이 맞을 듯하다. 이제 깔때기국수는 책에서나 기록해둔 음식이 될 것인지 모르겠다. 해녀의 숫자가 줄고 노령화되면서 모여서 작업하는 것만으로도 힘에 부친

가운데가 박찬일, 오른쪽이 성정희 해녀. 만나는 이에게 긍정적인 기운을 주는 특별한 캐릭터의 사람이다.

다. 어촌계의 해녀 작업장 벽에는 빼곡하게 붙어 있는 스티커들이 있다. 배달음식 스티커다. 짜장면은 물론이고, 치킨, 일반 백반 등 온갖 음식이 배달된다. 일이 많아서 음식 먹어가며 해야 할 때는 이렇게 배달로 충당을 많이 한다. 뭔가 품앗이로 음식을 해먹어야 하는 것도 여러 가지로 번거롭고 힘든 일이 되었다.

통상 물질 작업은 아침에 시작해서 오전에 끝내는 경우가 많아서 모여서 밥 해먹는 일이 일단 거의 없다. 오전에 끝나지 않고 오후까지 이어지더라도 개인이 준비한 간식으로 때우는 경우가 흔하다. 물질하는 바다가 여러 곳으로 산재해 있는 것도 모이기 어려운 이유다. 취사도구를 준비하는 등의 불편을 감수해가며 밥을 해먹어야 할 필요가 줄어들었다. 필자의 생각으로는 수입과도 관계가 있다. 해녀 수입이 과거보다 늘었다고는 할 수 없지만, 과거처럼 가정의 생계를 짊어지고(자녀 학비 등의 충당) 있는 상황이 거의 없다. 노령화되었다는 건, '해도 그만 안 해도 그만'인 여유 있는 작업을 한다는 뜻이기도 하다. 많은 해녀들이 "자식들이 이제 그만하라고 하는데, 딱히 할 것도 없고 놀기도 심심해서" 물질에 나선다고 말한다. 경제적 상황의 변화, 노령화, 해녀 숫자의 감소, 공동체 문화의 변화 등이 (작업 현장에서의) 해녀 공동 준비 식사가 사라지는 원인으로 볼 수 있다. 그래서 공동으로 식사하는 문화는 바다가 아닌 개별 해녀 주거지역에서 이루어진다. 작업을 하든 안하든 생활이 공동체적 개념을 갖고 있어서, 친한 해녀 집으로 마실을 가게 되고, 음식을 나누는 것은 당연한 일이다. 특별한 음식을 장만하거나 조촐한 일상식이라도 같이 나누는 경우를 많이 목격했다. 이는 해녀뿐 아니라 어촌 공동체의 오랜 전통이라고도 할 수 있다.

성정희 해녀가 준비한 깔때기 국수는 마침 날씨가 나빠 구룡포 어촌계의 물질이 취소된 날 어촌계 작업장에서 이루어졌다. 재료는 단순하다. 밀가루, 멸치, 미역이 전부다. 밀가루로 반죽을 해서 칼국수를 낸 후 마른 멸치로 맛을 내고 미역을 넣어 칼국수를 만단다. 이것은 필자에게 아주 놀라운 음식으로 남아 있다. 어쩌면 바다에서 건져 올린 '멋진' 재료가 들어갈 것이라는 상상을 깨버렸기 때문이다. 노동음식이라는 것은 단순하게 마련이다. 파는 음식은 멋을 내고 요령을 부리며, 좋은 것들을 쓴다. 하지만 노동 현장의 음식은 그야말로 '열량' 중심이다.

필자는 요리사이기도 한데, 아주 비싼 음식을 팔기도 한다. 1인당 10만원씩 하는 음식이다. 하지만 이런 재료를 요리사가 먹을 수는 없다. 요리사들은 칼로리를 보충할 수 있는 아주 단순한 음식을 선호한다.

성정희 해녀가 만든 깔때기국수. 미역, 멸치, 국수로 이루어진 간결한 해녀 음식이다.

박찬일과 함께 요리를 만들고 있는 성정희 해녀.

일하면서 먹는 음식이라 재료가 간단하고 빨리 배를 불릴 수 있는 요리법을 찾게 된다. 예를 들어, 나는 이탈리아 음식을 만드는데, 요리사의 음식은 그냥 기름과 마늘, 올리브유로 볶은 스파게티일 때가 많다. 돈을 아낀다기보다 바쁘고 번거로워서 그렇다. 열량을 보충하는 데 집중하는 것이다. 요리사의 입이 깔깔하니 대충 때우는 의도가 있기도 하다. 뭘 잘 차려 먹기도 힘들어서 그런 것이다. 그런 면에서 깔때기국수의 소박한 면모는 이해가 되고 다른 노동 음식과 상통한다고 할 수 있다.

도시민은 바다에서 잡거나 건진 수많은 진귀한 생선과 해물을 시장과 식당에서 만난다. 이는 돈 되는 물건들이 도시로 집중되어 있는 상태를 의미하며, 오히려 생산 현지에서는 이런 귀물을 쉽게 먹지 않는다. 성정희 해녀가 보여준 깔때기국수는 그런 점에서 아주 솔직한 해녀 음식의 내면이라고 할 수 있다. 물론 상황에따라 여러 해산물이 들어가기도 했다고 한다. 문어나 성게, 가자미와 미역초, 장치, 곰치 같은 생선을 쓰기도 했다. 해녀 마을에서 쉽게 구할 수 있는 재료들이었고, 배를 부려 고기 잡는 직업이 많은 해녀 남편들이 제공하기도 했다. 시장에서 사다가 넣을 때도 물론 있었다. 구룡포에는 국수문화가 아주 성하다. 모리국수, 잔치국수 등이 인기 있다. 읍에 있는 제일국수공장은 노포가 되어 수많은 인터뷰와 방송 프로그램에 나오기도 했다.

구룡포 지역에는 모리국수라는 명물이 있다. 깔때기국수는 해녀 유산으로 남은 반면 모리국수는 상업적으로 성공했다.

물안경 하나만큼씩 눈물도 흘렸지

이후매 해녀

물안경 하나만큼씩 눈물도 흘렸지

이후매 해녀

이후매(86) 해녀는 나지막한 지붕에 깨끗하게 손질한 전형적인 어촌 집에서 혼자 사신다. 시집 와서 살던 집이라고 한다. 독거노인이라고 정부에서 대배(도배)도 해주어서 더 깨끗해 보인다. 남편은 좀 일찍 여의었다. 남편 나이 쉰일곱 살 때다. 아들 딸 둘씩 낳았다. 별다른 작업이 없는 한가한 봄날, 인터뷰했다.

박: 고향이 어디세요.

이: 영덕 강구 밑에 남정면 구계리. 축산 못 미치가 월포 지나가 안으로 드가면 구계리가 있다. (지도를 보니, 포항 지나서 영덕 쪽으로 산악이 험준한 지역의 바닷가에 있다)

박: 1938년생이시네요.

이: 오수연이보다 한 살 많다. (오수연 해녀는 마을의 친구다. 두 해녀는 제주가 아닌 경북 출신 토박이로 가장 오래 물질한 노장이며 최고령급이다)

박: 성함이 특이하시네요. 후매(後妹).

이: 맞다. 쌍둥이다. 언니가 선매(先妹)다.

박: 친정아버지는 뭘 하셨어요.

이: 농사도 짓고 덴마(전마선) 갖고 갈치도 낚고 이까(오징어)도 낚고 그랬다. 마당에 멍석 깔아 놓고 갈치 잡은 거 말라가 반찬하고 그랬다. 먹고 사는 기는 농사지어서. 농사가 많아서 잘 살았다. 호강시리 살다가 여 시집와서 내 신세가 이래 됐지. (웃음)

이후매 해녀는 여러 지병이 있지만 그래도 허리도 꼿꼿하고 건강해 보였다. 바닥에 앉았는데 허리를 곧추 세우고 인터뷰했다. 뜨끈한 절편 떡을 연신 권해가면서.

수산인의 날에 장관상을 받고

이: 원래 친정에서 물애를 했다. 할매하고 엄마하고 다. 운단도 잡고

미역도 뜯고. 학교도 보내줘가 초등학교 3학년 2학기까지 다녔지. 그래 내 이름도 쓸 줄 안다. 벤도 싸서 학교 보내줘가. 지금도 물일은 마이 한다. 철이 있거든. 미역철, 운단철, 안개이(말똥성게)철, 철철이 나간다. 자유롭게 물에 드갈 수 없지. 어촌계장이 정한 날에 가는거라. (동석한 어촌계장 부인 이말년씨가 "이 할매는 자꾸 깊은 데로 가. 마이 잡으신다. 걱정이다"라고 덧붙인다)

이후매 해녀는 2021년 4월 1일, '수산인의 날'에 해양수산부 장관상을 받았다. 신문에 난 수상 소식은 이랬다.

"해녀 이후매 씨는 장관표창자로 선정됐다. 63년간 대보1리 어촌계에서 해녀로 일하면서 자부심이 강하고 매사 타의 모범이 되며, 전통어업 계승, 수산업 발전 및 해녀들의 화합 도모 등이 인정됐다."(경북일보)

이: 아들이 "집안에 영광이다"고 해. (웃음)

박: 남편은 어떤 일을 하셨어요.

이: 머구리했다. 문어 전복 잡고, 해삼 잡고. 총각 때부터 머구리했지. 울진으로 삼척으로 조개바리(조개잡이)고 머고 마이 다녔다. 남편 머구리 할 때는 다 따라다니며 밥해주고 그랬다. 남편 머구리 일이 돈벌이가 괜찮아서 편케 살았다.

박: 머구리 원정을 가면 어떤가요. 며칠씩 가나요.

표 창 장
대보1리 어촌계
해녀 이 후 매
귀하는 수산인 권익 증진을 통하여
수산업·어촌 발전에 크게 이바지
하였으므로 이에 표창합니다.
2021년 4월 1일
해양수산부장관 문 성 혁

이: 그럼. 선주가 밥 주고 방 주고 잘해준다. 쌀 주고. 머구리 한번 가면 돈보따리 들고 온다. (남편은 머구리 작업을 나갔다가 사고를 당했다. 그래도 살았다. 사고로 몸을 다친 남편을 업고 병 낫게 한다고 온천으로 공기 좋다는 데로 다녔다. 그때 막내딸이 아주 어렸는데 남편 업고 가는 이 해녀를 따라온다고 해서 두 손은 남편을 들쳐업은 상태라 발로 '이래 이래' 오지 말고 집에 있으라고 떼어놓는 걸 동작으로 보여주셨다. 슬픈 기억이었다)

이: 그 딸이 지금 마흔 넘었지. 막내. 시집도 좋은 데 가고 젤로 똑똑하다. 남편은 그렇게 갔고, 마흔여섯에 혼자 됐다.

이: 그때 해녀 일을 많이 하기 시작했지. 마을에 해녀가 한 마흔 명 있었다. 천원도 벌고 만원도 벌고. 되는대로 물일을 했다. 벤또(도시락) 싸가지고 다른 동네 바다도 마이 갔다. 차 타고 축산, 강원도도 가고. 미역도 하고 운단도 하고. 돈 되는 일은 마이 했다. 애들 데리고 살아야 하니까.

돈 마이 벌었다. 그래도 설움이 많았지. 돈도 주는대로 받고. 마이 울었다. 수경(물안경) 하나 만큼씩 울었다.

전복 물회를 만드는 법

먹을거리를 잡아서 아이들도 먹이고 그랬다. 아이들이 독립해서 다 제몫 하고 사는데, 엄마 외롭다고 종종 찾아온다. 남편 제삿날에도, 명절도 모이는 날이다. 해녀 요리가 나오는 날이다.

이: 물회도 망그리지(만들지). 얼음물 해서 전복 입 짤라뿌고 초장 해서 참기름 넣고 깨소금 마늘 조금 너어 갖고 만들지. 친정에서 배운 거지. 운단은 죽도 써묵고 전복이랑 같이. 손님 오고 새끼들 먹일라믄 좀 덜 다리고(팔기 위해 계량 하는 것) 집에 갖고 온다. 성게로는 가갖고 참기름 넣고 밥 비비도 먹고 미역국도 해묵고. 술 묵는 사람은 그냥 막 퍼묵고.

멍게는 까가지고 무리(물회) 만든다. 초장에 찍어먹거나. 막 까서 소쿠리 받차가 물기 빼서 얼과놔도 좋아. 소금 뿌리가 젓갈도 담고. 열합은 삶아가지고 쪼사가지고 볶아가지고 국물 내서 먹는다. 해삼은 총총 성그라갖고 무리도 해묵고.

건강하게 오래 사시길 바라며 인터뷰를 마쳤다. 한 해녀의 일생을 듣는 일은 재미가 있지만 힘도 든다. 그 고통과 슬픔의 기억에 우리 몫도 있기 때문이다. 왜 아니겠는가.

울산서 이주해서 참 길게도 해녀 일 했네

김연숙 해녀

울산서 이주해서 참 길게도 해녀 일 했네

김연숙 해녀

김연숙(67) 해녀의 집은 흙으로 집을 지어서 시원하고 쾌적했다. 1남 1녀 자제들 출가시키고 혼자 사신다. 깨끗하게 관리하여 반들반들한 집이다. 마침 더운 날씨라 옛날식 집 바닥에 앉으니 시원했다.

김: 나는 울산 출신이에요. 포항 아니고. 울산 온산. 공단 들어서서 철거되었는데, 사촌언니가 여기 살아서 이사를 했어요. 울산서도 해녀는 했어요. 그때 고무옷이 안 나올 때라 조금씩 했지요. 해녀 시작한 지 일 년 있다가 고무옷이 나왔어요. 철거되어서 시내로 가서 살다가 여기 왔지요. 조개 같은 거 캐고. 그러다 사는 동네가 철거되어서 여기 와서 살기 시작했어요. 엄마는 제주 사람이라 해녀 일을 나도 자연스레 한 거지요. 온산은 아주 아름다운 동네였어요. 국가산업단지 들어오니까 다 이주를 했지요.

울산 온산공단은 1974년 정부의 정책에 따라 생겨났다. 당시를 소재로 쓴 소설이 한국문학사에 전설로 기록되는 『난장이가 쏘아 올린 작은 공』(조세희)이다. 그때 이주민이 많이 발생했다. 당시엔 대개 그랬듯이 충분한 보상은 아니었을 것이다. 그 지역에 산업단지가 꾸려지면서 박정희 정부는 중공업 정책에 드라이브를 걸 수 있었다.

친정엄마가 제주 사람이라

김: 엄마가 제주 사람이기 때문에 해녀 일을 자연스레 배웠어요. 온산 바다는 정말 예뻤어요. 거기서 해녀 일을 시작했어요. 이주하고 시내서 살다가 둘째 낳고 아저씨랑 다 같이 이리로 다시 이사했어요. 둘째가 돌 무렵이니까 81년도쯤 왔네. 아저씨는 여기 와서 고깃배 좀 타고 정치망 배 오래 탔어요. 처음 이사 와서 세 살다가 이 집 사서 수리해가 이리 살아요.

고향에서 엄마가 아주 상군이었어요. 나는 지금 상군에 드갈 수도 있고, 아닐 수도 있고(웃음). 나이 50대 때 제일 많이 했어요, 해녀 일은. 내가 60대인데, 제일 숫자가 많죠. 내 밑으로는 거의 없어요. 50대 없어요. 70, 80대도 있어요. 젤로 많은 할매가 팔십여섯. 해녀로 장관상 탔어요. 이후매 할매.

여기 올 때에 대보1리 어촌계가 있어서 어촌계원이 됐어요. 바로 일을 얻어서 바다에 나갔지. 3개월 후부터 바로 해녀로. 이후에는 타 동네 사람들이 그냥 와서 계원 되고 작업하는 거 막기 위해 집을 사서 (완전 이주) 와야 계원으로 받아주기 시작했지요. 여기는 해녀가 적은 편이에요. 내가 올 때도 이십 명. 지금도 그 정도 남았어요. 제주 사람들이 많이 없었기 때문에요. 여기가 특이해요. 제주 (이주) 해녀들이 거의 없어요. 시집

와가 배와서 하는 해녀가 많아요. 제주 출신 엄마한테 배운 사람은 지금 저밖에 없어요. 다 육지 출신이지. 제주 해녀들이 스무 명 중에 많아야 대여섯밖에 없었어요. 내가 와서 보니 언니들이 거의 다 이곳 출신으로 시작한 사람들이에요.

이 지역에 해녀 집단이 형성되던 초기에는 제주 출신 해녀들이 많았다. 점차 현지인들이 해녀 일을 하게 되면서 비중을 늘려가고, 제주 출신은 숫자가 자연스레 줄었다. 현재 각 마을 어촌계 해녀들 중에 제주 출신들은 80세급이 마지막 세대다. 그 이후로는 30, 40세에 일을 배워 해녀가 된 현지인 출신 해녀들이다.

물건이 아주 많았어. 천초 미역이 제일이었지

김: 여기 물건이 많았어요. 값이 헐한 대신 물건은 많았고. 미역, 천초를 많이 했지. 이제는 천초 없어요. 올해는 아예 못 뜯었어요. 천초도 파도가 쳐주고 그래야 생기는데 바닥에 석회가 차서 천초가 없어요. 전복 같은 거는 잘 자라려면 바닥이 고와야 하거든요. 근데 (석회 때문에) 거칠거칠하니까 전복도 없어요. 파도가 쳐서 민물 같은 게 들어와야 하는데 그게 안 되어서. 올해 파도도 없고.

옛날 엄마 얘기로 바당이 육지처럼 가뭄 탄다고 했어요. 민물이 안 온다, 그 얘기라.

해양과 자원에 대한 고민은 중앙정부와 지방정부, 연구기관 등이 많이 살피고 있다. 자원 고갈 등의 문제는 공식적인 여러 견해도 내놓고 있다. 바다에서 일하는 사람들은 그 나름대로 오랜 경험에서 오는 해석이 있는데, 이런 경우인 듯하다. 바다도 가뭄을 탄다!

김: 올해는 비도 안 오고. 이 동네는 비가 별로 없었어요. 파도도 없어요. 그러니까 바닥에 가면은 소라 같은 거 잡으면 석회 위에 앉아 있어요. 소라가.

박: 해조 얘기를 해볼게요. 서설이 뜯었어요?

김: 서설 뜯었어요. 요새는 없어요 그것도. 서설은 안개이, 말똥성게 나올 때 그때 올라와요. 서설은 팔지 않았고, 반찬이나 했지. 어촌계서 불러서 나가면 뜯어서 반찬하고. 두복도 반찬이나 하고 농갈라 먹는 거고 팔지 않아. 파는 건 해초(해조) 중에는 미역, 천초.

박: 올해 해삼은 어땠어요.

김: 올개(올해) 해삼 못했어요. 해삼이 있는 항만, 방파제 끝에 그 안통에 있어요. 모래 있고 잔자갈 있는데 숨어 있어요. 그쪽은 위험하니까 해경 허락이 없으면 작업 못해요. 허가 나와서 할라카니까 날이 나빠 못하고. 한 이틀 하고 더 할라카니까 날이 변해서 해삼이 싹 드가뿌고. 사월 오월에 하는데 오월 넘어서 파도 한번 치면 돌밑에 드가버려요. 작업 못해

호미곶 상징 밑의 해녀들

요. 깊은 바다에 해삼이 있으니까 또 상군이어야 할 수 있고. 항만은 여기 아니래도 어디나 어촌계장이 신고를 해야 작업해요.

박: 강원도도 작업 가시죠?

김: 강원도 삼척까지도 가고 동해까지도 가고 피성게 잡아달라 하면 가고. 피성게는 껍질 붙어 있는 성게. 잡은 그 상태 성게. 성게알로 작업 안 한 거.우리가 작업해서 어촌계가 그대로 상인한테 넘가 주는 걸 피성게, 킬로에 얼마 해서 그렇게 해서 넘기고. 일은 (상대적으로) 편한데 피

성게는 돈이 안돼. 그래도 편해요. 피성게도 양이 많으면 돈도 돼요. 잘 벌면 삼십만원도 벌고 사십도 벌고 그래요. 올해는 삼척, 대진 갔어요. 다섯 명이 한 차로 추럭(승합트럭)으로 가요. 새벽에. 자고 오지는 않고 당일로. 오후 한 시 되면 작업 마치고 다리주고(달아주고) 다시 집에 오면 오후 너댓 시 돼요. 점심은 도시락을 싸서 가고. 어떤 동네는 밥 준다고 도시락 싸오지 말라카면은 안 싸가고. 밥을 시켜줘요. 동네서. 대보1리, 2리 해녀 같이 가요. 한 팀이지. 추럭 기사까지 여섯 명. 미역 하러 그 동네 다니니까 연락이 돼서 다시 피성게 하러 오라고 하면 가고 그래요. 미역도 하고 홍합도 해주고. 그 동네는 해녀가 없거나 적어서 우리가 가서 해주는 거지. 홍합은 힘들어요. 딱 붙어 있으니까.

홍합 하러 충청도로도 일을 다녔어

홍합은 섭이나 열합이라고 이 동네서 보통 부른다. 바위 등에 아주 단단히 붙어 있기 때문에 작업이 힘들다. 이 자연산 홍합, 즉 섭을 하러 충청도도 칠팔 년 다녔다고 한다.

김: 태안으로 갔죠. 멀지. 거기는 왔다갔다 하지 않고 거 가서 살아야지. 몇 개월씩. 사월부터 유월까지는 해삼 잡고 칠월 되면 해삼은 산란기니까 못 잡고. 그때는 개인 양식장으로 가요. 개인 양식장은 산란기 금어가 없어요. 그 지역은 그때는 섬 같은 데 양식장을 입찰을 봐가 이십 년 이렇게 임대를 해요. 거기 가서 전복이고 잡아요.

양식장이란 곳은 가두리 같은 본격 양식장을 의미하는 것은 아니다. 일정 구역을 개인이 입찰을 해서 운영권을 사는 형식이고, 사실상 자연 상태의 바다다. 거기에 전복이나 해삼 등을 공지(주인이 없는 국가의 공유수면 바다)에서 잡아서 넣어 두기도 한다. 기른다기보다 모아두는 식이다. 그걸 현지에서 그냥 '양식장'이라 부르는 듯하다. 칠팔월이 되면 해녀들은 홍합을 딴다. 사월에 가서 여름까지 철에 맞게 작업해서 최대한 이익을 올려주고 돈을 받아 돌아오게 된다.

김: 가본 지 벌써 십이 년 됐어요. 요새는 안 가요. 이 동네서 대여섯 명 해녀가 갔어요. 가면 다른 곳에서 온 사람까지 열두 명, 스무 명 그렇게 해녀가 모여요. 방은 전주(발주자)가 해주고. 물이 오뉴월 되면 고와져요. 파도가 여기보다 덜하고. 바람 없으면 아주 바다가 고요해요. 밥은 해가 먹어요. 시장 봐서. 가족 두고 넉 달씩 가면 힘들죠. 아저씨가 애들 보고. 여기에 해녀가 작업할 게 없을 때고 하니, 목돈 버니까 가는 거죠. 물건은 보통 전복, 해삼. 미역은 없고. 그때 돈으로 한 달에 이백만원 벌고, 삼백도 벌고. 마흔 살 넘어 갔으니까 하마 오래 되었다. 그때 돈으로 많이 벌었지.

박: 요새 작업은 뭐 하셨어요. 보라성게도 끝났고.

김: 소라, 고디 했어요. 여기는 뿔소라. 제주도와 다른 게 뿔이 그리 삐죽삐죽하지 않아요 여기 거는. 고디(고둥)는 참고디. 맨들맨들하고 큰

거. 소라 할 때 전복도 하려고 했는데 없어요. 치패 많이 뿌리가 많이 땄어요. 한 삼년 땄어요. 치패 뿌리는 게 효과가 좋아요. 근데 밤에 다이버들이 와서 다 따가. 한 이년 너무 힘들었어요. 지키느라. 해녀끼리 조를 짜가 바다에 가서 지키는 거지. 컨테이너 박스도 거기 갖다놓고. (적발해서) 다이버를 봐도 전복만 안 잡으면 처벌이 안 돼요. 전복은 치패를 뿌리는 거니까 주인이 있는 거라. 문어 잡아가면 법으로는 걸릴 게 없어. 지킴이 하는 것도 너무 힘들어요.

박: 문어 얘기 나온 김에 여쭙니다. 요새 문어 잡으세요?

김: 문어는 해녀가 옛날에 많이 잡았어요. 지금은 거의 못해요. 문어는 혼자 못 잡아요. 바다 깊은 데는 옆에 사람이 있으면 같이 잡아야지. 구멍에 숨어 있으면 쑤시면 씨일(쓱) 나와요. 쑤셔놓으면 도망갈 데 없으니까 나오지. 아프면 나와요. 바위 틈에서. 상처 안 나게 쑤셔야지 요령이. 달아날 때 먹물 쏘지. 그 전에 빨리 잡아야지. 크다 싶으면 둘이 잡아야 해요. 쑤시 놓으면 뒤로 도망가기도 하니까. 먹물 쏴뿌고.

문어 잡는 법은

박: 큰놈은 무섭죠? 목도 조른다고.

김: 예. 문어는 여기 두 종류가 있어요. 큰 거 피문어, 작은 거 돌문어.

다이버들이 밤에 와서 돌문어 잡아가지. 남해는 돌문어도 큰 게 있는데 여기는 작아요. 피문어는 삼사 키로, 칠팔키로짜리도 잡아봤어요. 크지. 말똥성게 잡다보면 문어를 보게 되는데 그때 문어가 크면 동료를 불러서 같이 잡기도 해요.

박: 자맥질 할 때 숨비소리가 다 다르게 들리던데요.

김: 나는 휘파람을 불어요. 휘이~ 이카고, 누구는 아야! 하고 푸~ 카는 사람도 있고. 호흡에 따라 길게 쉬는 사람도 있고 잠깐 쉬는 사람도 있고. 말똥 할 거 같으면 숨을 짧게 하고, 보라성게 하면 길게 쉬고. 나는 보통 열두 발 이상 들어가요. (팔을 펼치며) 이게 한 발. 열두 발 하는데 몇 발 더 여유를 보니까 더 들어가지. 이 동네는 멍게가 없어요. 물발이 세가 포자가 붙어 있질 못해. 운단도 마찬가지예요. 물발이 세서. 항만이나 가면 모를까. 미역은 대신 잘 돼요. 여 미역이 맛있어요. 다들 자기 동네 미역이 맛있다 하지, 여기 미역이 더 맛있다 해도. 미역은 뜯어와도 일이 많아요. 옛날엔 널어줄 사람이 있지만 이제 누가 해요. 해녀가 뜯어와서 말리고 다 해야해요. 밖에서 펴서 말리고 마지막에 건조기에 넣어서 마저 말리고.

미역은 밖에서 자연 건조한 것이 최고라고 생각하지만 실제로는 그렇지 않을 수도 있다. 날씨와 습도가 통제가 안 되므로 실내서 건조기를 쓰는 게 미역 품질이 좋다는 말도 현지에서 들을 수 있다.

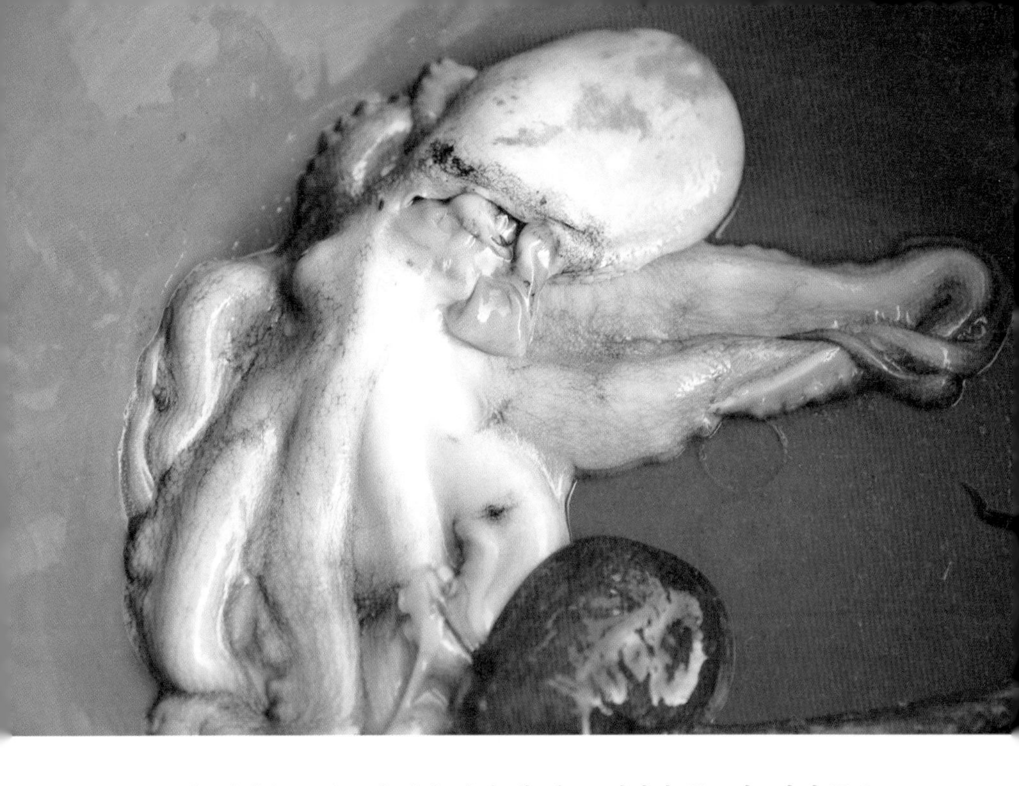

김: 미역은 뜯어보면 각자 자기 게 돼요. 얼마나 뜯느냐? 많이 뜯을 수도 없어요. 널 사람이 없으면 많이 뜯어봐야 문제야. 뜯을 만큼 뜯는 거지. 미역은 어촌계에 돈 안 내요. 그냥 내 거예요. 미역 돌이 자기 게 있으면 남은 거기 꺼 못 뜯는데, 이제는 자기 꺼 돌이 없어서 공동수역에서 작업해요. 미역 뜯어서 망태에 넣어 배로 옮기고, 아저씨들이 끌어다가 집으로 옮겨주면 널어요. 각자. 자기가 뜯은 건 자기 거예요. 널만큼 널어서 말려서. (판로는) 자식들이 팔아주고, 뭐 아는 사람들이 팔아주고. 미역은 보통 만원이에요, 말려서 올을 지어서 만들면. 싸게 내노면 금세 팔리고, 그렇죠. 자연산이라 잘 팔려요.

미역은 무쳐 먹고 국도 끼리 먹고. 두복은 우리집은 안 먹어요. 울산서 먹어보질 않아서. 진저리도 잘 안 먹고 보통. 반찬도 생선을 많이 해요.

대보 어판장 나가면 가재미 이런 거 있으니까. 오징어는 보통 구룡포 나가야 돼요. 여기는 오징어 배가 안 들어오니까. 도시 사는 아이들이 집에 먹고 싶은 거 있다고 하면 해삼도 하고 물질해서 전복도 끼리 주고.

김연숙 해녀는 고된 해녀 일을 해서 몸도 안 좋은 데가 있다. 류머티스도 있고 갑상선도 수술을 했다. 큰 문제 없이 견디고 산다. 무릎 관절도 아픈데 아직은 수술할 정도는 아니다. 손이 아파서 잠을 못 잔 적이 있고 일 많이 다니면 다음날 손가락이 뻐근하다.

진통제 먹는 건 해녀들이 다 그래요

김: 진통제는 먹어요. 순한 걸로. 옛날 언니들처럼 뇌신은 안 먹고. 고무옷은 나라에서 줍니다. 우리 돈을 얼마씩 보태서 사요. 35만원에 자부담을 9만 얼마 보태서 사요. 고무옷 보조가 나오니까 좋지요. 해녀보험도 시에서 해줘요. 다치면 상해보험 해줍니다. 입원할 정도 되어야 보험금이 나와요. 개인으로도 해녀보험을 얼마씩 들어요. 물리치료랑 잠수병 같은 거는 카드가 나와서 시에서 무료로 해줍니다.

김: 열여섯 살부터 갑옷(고무옷) 없을 때 엄마 따라 천초 뜯고 했을 때부터 하니까 내가 오십 년을 했네요.

이 즈음. 마을의 해녀들이 여럿 오셨다. 어쩌다가 얘기가 해녀 일 하

다가 위험했던 순간의 기억으로 넘어갔다.

마을 해녀: 바람이 많이 불면 위험해. 운단을 따서 올라오는데 바다에 어장이 떠다니다가 내 닻줄을 걸고 센 바람에 움직이니까 위험할 뻔 했지. 운단을 얼른 손에서 놔버리고 줄 풀고 살았던 적이 있어요. 숨이 모자라서 죽을 뻔한 적도 있고. 숨이 막히면 눈이 튀어나온다는 게 거짓말이 아니에요. 실감을 했지. 홍합 따다가 닻줄이 걸려서 발에 엉키면 또 위험해. 이런 거 겪어본 해녀가 많을 거예요.

해가 저물었다. 마실 나온 해녀들의 이야기가 이어졌다.

대보 바닷가 해조는 내가 다 안다

하정옥 해녀

대보 바닷가 해조는 내가 다 안다

하정옥 해녀

하씨는 53년생(70)으로 대보리 출신 해녀다. 식당을 운영하기도 했었고, 손맛이 좋기로 유명하다. 남편 최익로는 대보리의 어촌계장으로 활약하고 있다. 아들은 해양수산부 공무원이기도 하며, 가족 모두가 해양과 어촌 문화, 해녀에 대한 자부심이 있다. 하씨와는 여러 차례 인터뷰했는데, 맛있는 구룡포 음식을 선보여서 사람들을 기쁘게 했다. 해조 요리를 특히 잘한다. 대보리는 최, 양, 하씨 3성이 처음 마을에 들어왔다고 한다. 하씨와 최씨 부부가 만난 것이니, 원조 토박이라고 할 수 있겠다.

박: 원래 음식 솜씨가 좋으셨어요?

하: 옛날에 우리 (친정)엄마가 뭘 해도 맛있었어요. 옛날 어른들은 별 양념 없이 그냥 손맛으로 주물주물 해놔도 그게 참 맛있어요. 진짜 우리 엄마가 잘했어. 내가 먹고 보는 것만 해도 그게 배와졌나 봐요. 같은 마을인데도 시집와서는 특이한 게, 원래 친정에서는 남자들이 고기 다 만지는

데 여기는 딱 갖다주고 손을 안대요. 그래서 여기서 많이 재료 다루면서 요리를 배우기도 했죠.

박: 사모님 음식을 여러 번 먹었는데 다 맛있어요. 해조가 특히 맛있는데, 어찌 그렇게 맛을 잘 내세요?

하: 해조류는 그게 이제 철마다 나오는 거에 따라서 하는데 그거 별거 아닌데. 여기는 친정과 또 맛이 다릅니다. 두복 같은 걸 무치면 젓갈을 안 넣어요. 장으로만 합니다. 담백해요. 물론 젓갈을 넣어도 아주 맛있어요. 두복이 참 맛있습니다. 대황이라카는 큰 것도 있어요. 다시마보다 엄청 큰 건데 식용입니다.

박: 요즘은 가을인데 해조를 어떻게 조달합니까.

하: 찬으로 오래 먹으려면 한꺼번에 사서 보관해요. 냉동시켜요. 두복이 이 지역에서는 아주 인기가 있어서 뜯으면 잘 팔립니다. 나는 두복을 작업해서 팔아보지는 않고 먹으려고 하는데, 여기 까치식당 있잖아

요. 그 집 해녀(김외순)가 아주 부지런하거든. 아지매가 몸도 좋지 않은데 두복을 많이 해서 팔아요. 이 동네서 자란 사람들이 아주 좋아해서 많이 사먹어요. 포항사람들이 아주 좋아해요. 포항 죽도시장 가면 많이 팔아요. 제철에는.

두복과 도박과 서설과 천초로 살아온 세월

두복은 톳과 비슷하게 생긴 해조다. 특이하게도 호미곶 앞바다에 주로 자생하는 것으로 알려졌다. 옛날에는 춘궁기에 보리쌀과 같이 죽을 쑤어 곤란을 넘겼다. 영양가도 많고 맛도 좋다. 바닷가 깊이 들어가지 않아도 많이 자라서 낫으로 잘라 캔다. 도박이라는 해조와는 다르다. 도박은 먹을 수도 있지만 쑤어서 풀로 만들었다. 전통 한옥 짓는 데 꼭 필요한 재료였지만 화학 재료가 많이 나와서 지금은 거의 사용하지 않는다.

하: 이 동네는 다른 데 흔한 톳은 귀하고 오히려 두복이 더 흔했어요. 서설이(서서리, 서설)? 아 서설이도 있죠. 지금도 서설이 있어요. 근데 살 수가 없죠. 게다가 서설이는 냉동을 하면 안돼요. 이상해져요. 금방 뜯어서 먹으면 맛있는데 냉동해서 해동하면 금방 물이 돼버려요. 살짝 데쳐요. 마이 여가 데치면 안되고, 살짝씩 해서 조금씩 데쳐야 맛있어요. 모양도 예쁘게 나오고.

서설이라는 해조는 아는 사람이 거의 없다. 보는 순간, 나는 우미부도[海葡萄]를 떠올렸다. 일본 오키나와쪽 바다에 사는 특이한 해조다. 마치 포도송이처럼 생겼다고 해서 바다의 포도, 즉 일어로 우미부도라고 한다. 아주 귀하고 비싸서 장식으로 쓰거나, 고급 술집에 나온다. 하정옥 해녀의 서설이 무침은 단지 보기 예쁜 걸 넘어 양념을 잘해서 맛도 좋다. 이 해조 요리를 먹은 건 나의 행운이라고 생각한다.

하: 내가 바빠서 (취재팀에게 대접해야 하는데) 까치식당 김외순(해녀)이가 자기가 뜯어다 준다고 해서 가지고 왔다. 장화 신고 들어가면 되니까. 깊은 데도 있지만 서설이는 얕은 바다에도 있어요.

박: 상군 하셨어요?

하: 아이다. 나는 식당 하다가 그만두고 늦게 시작했다. 고무옷이 처음 나올 시기니까 한 30년 됐겠다. 소주이(소중이) 입고는 내가 한번 해봤다. 옛날에 제주 해녀가 많이 할 땐데, 내 사촌 올케가 제주 해녀였어. 미역하는데, "고모야, 이거(소중이) 입고 한번 드가봐라"하는 거야. 그래서 미역 해가 오는데 추워서 죽는 줄 알았어요.

박: 그때는 제주 출신 해녀들은 다 소중이 입고 일했군요.

하: 그럼. 한 30분 드갔다 오잖아? (불턱에) 불을 피와 놓잖아? 그럼 물에서 나온 해녀들 다리에 울긋불긋 벌겋게 되어 있어. 추위에 얼어서.

불턱은 작업을 하는 바다 앞에 비교적 너르고, 여유 있는 공간을 말한다. 돌이 있고, 거친 환경이지만 그나마 모여 앉아 불도 피우고 식사도 하고 간단한 채비를 할 수 있는 공간이다. 과거에는 아주 중요한 공간이었으나, 현대 해녀들에게는 점차 공동체도 약해지고, 인원수도 줄어들어 의미가 줄어든 곳이라고 할 수 있다.

소중이는 해녀가 입는 작업복이다. 해녀복은 아주 오래된 과거부터 제주도의 노동복이었으며, 일상복이 노동복으로 변하고 이내 해녀만의 옷으로 정착되었다. 1970년대 초쯤에는 합성섬유도 해녀복으로 채택되어서 그때까지 사용하던 물소중이와 적삼에 추가되었다. 현재와 유사한 고무옷(잠수복)은 일본에서 1960년대에 제주도로 건너온 것으로 보인다. 처음에는 특유의 냄새와 무게, 비싼 값 때문에 환영받지 못했다고 한다. 그러다가 고무옷을 입으면 어획량이 크게 늘어나서(대략 5배) 1975년경에는 제주도에 거의 보급이 완료되었다. 이 문화는 해녀문화가 초기에 제주로부터 영향을 받은 내륙 여러 곳에 퍼져나가서 현재처럼 완전히 고무옷으로 대체되기에 이른다.

고무옷이 보급되면서 물질이 한결 편해졌다

고무옷이 처음 경북 지역 해녀에게 보급되던 이야기는 손동기의 논문 〈영덕 창포리 해녀의 '물질'에 대한 기억과 전승지식과 인식의 변화〉(안동대 석사논문. 2016)에는 이렇게 구술되어 있다.

> 1960년대 후반에서 1970년대 초 무렵 마을에 온 제주해녀들은 고무옷을 입고 물질을 했다. 그때 당시를 회상하듯 마을해녀들은 다음과 같이 말했다.
> 51) 최영옥(여, 78세)의 제보(2016. 10. 20, 제보자의 자택).
> 처음에는 얼마 우스웠다꼬. 무슨 물개 긋은 옷 긋은 거 입고 자무질 한다고 웃었다꼬. 근데 인자 그때도 물에 같이 빠졌다고. 근데 가들은 하루 종일 하드라고. 우리는 막 추버가지고 덜덜 떠는데 말이라. 맞다. 그래가 우리도 저 고무옷 사자고 그랬잖나. 근데 이 가격이 얼매 비싼지. 살 엄두가 안나는기라. 그때만 해도 엄청 비쌌다고 이 고무옷이. 우리끼리 우스갯소리로 저거 사 입으면 저승가서 도 물질해야 된다 캤어. 그이 평생해 저 옷 빚 값아도 모지라서 죽어서도 해야된다는 그말이라. 우리 마을에 젤 먼저 입은 어마이 둘이 있는데, 우리는 겨울에 못하자나 추워서 근데 그 집 어마이 둘이서 같이 작업하는 거 보이께네

겨울에 이 전복 담은 조리가 몇 조리씩 됐다니께 그래서 우리도 점차 사기 시작했지. 저 정도 채취하믄 저승에서 안해도 되겠다 싶어가."
처음 고무옷을 접한 마을해녀들은 고무옷을 우스꽝스럽게 여겼다.

고무옷은 보온성이 좋아서 열량 소모가 적으니 작업시간이 길어졌다. 보통 30분~1시간에 불과하던 연속 작업시간이 5시간 내외까지 늘어났다. 이런 상황은 좀 복잡하다. 하나는 고무옷의 등장으로 작업량이 늘어나서 자원이 줄어들었다는 주장과, 잠수기 등을 이용하는 불법 어로로 어장이 황폐화했기 때문이지 해녀 작업량과는 별 상관없다는 주장이 존재한다. 해녀들은 더 긴 시간 작업하지만 과거보다 어획량이 늘지 않았다는 설명을 하고 있는데, 내가 만난 이십여 명의 해녀들이 일관되게 이 같은 주장을 펴고 있다는 것도 기록해둔다.

박: 당시 해녀들이 그런 옷을 입고 부끄러워하지는 않았나요?

하: 과거에는 제주 해녀들이 물소중이 입고 작업하니까 어른들이 '빨개벗고 한다'고 하는 경우도 있었어요. 그때만 해도 하대하는 게 있었지.

제주 해녀복에 대한 이런 '타지인'의 시선은 해녀복 특유의 개방된 형태에서 기인한다. 한국 전통 복식 중 유일하게 노출된 형태로, 이는 작업하기 편리하게 과학적으로 고안되었기 때문이다. 일본 해녀들조차 이 옷을 수용해서 입었다는 기록이 있다. 고무옷이 보급되기 전까지 제주 해녀들의 과거 작업복을 들여다본 연구논문이 약간 있다. 그 중에서 제주대학교 의류학과 석사논문(윤성희. 2011. 〈제주 전통 해녀복을 응용한 문화관광 상품 개발〉)에 이런 내용을 쓰고 있다.

> 제주 전통 해녀복인 물소중이는 물옷, 좀녀옷이좀수옷·좀녀옷·물옷·소중이·소중기·물소중이·해녀옷 등라고도 하며, 물속에서 미역이나 소라 등을 채취할 때 입었던 옷으로, 제주 여성들의 고유한 속옷인 소중이에서 유래되어 겉옷화한 작업복이며, 견고성과 편리함이 특징이다. 제작방법이 과학적이고 합리적인 구성으로 한국의 전통복식 중 유일하게 노출된 형태의 옷으로, 오른쪽 옆선이 완전히 트인 구조이기 때문에 착탈(着脫)이 용이하고 살이 찌거나 임신한 여성의 특징에 맞게 사이즈 조절이 가능한 기능복의 역할도 하였다. 이는 일본으로 출가물질 당시 일본의 해녀들조차 일본 전통 해녀복이 있음에도 불구하고 제주 해녀복이 편리하다는 이유로 '조오셍'이라 부르며 즐겨 착용하였다는 기록을 통해 그 우수성을 입증할 수 있다. 물소중이 위에는 블라우스 형태의 상의를 입었는데 이를 '물적삼'이라고 하였으며, 적삼과 블라우스의 중간 형태라고 할 수 있다. 이는 1930년에 블라우스가 국내에 도입되었으므로 1935년 즈음 이를 응용한 물적삼을 착용하였을 것이라는 추측이다. 따라서 물적삼은 품이 있고, 우임인 적삼과 달리 블라우스와 같은 형식으로 여미게 되어 있으며, 물 속 작업 시 저항을 줄이기 위해 가슴에 딱 맞게 끈으로 조여 입었다.

손목 부분도 같은 이유로 끈을 길게 달아 묶었지만 후에는 고무줄을 넣어 조였다. 물적삼 대부분은 물소중이의 겉 또는 안에 착용하였는데, 노인들은 물질에 불편하다는 이유로 잘 입지 않았다고 한다. 그러나 젊은 해녀들은 햇볕과 추위를 막기 위해 또는 멋을 부리기 위해 많이 착용하였다. 겨울철에는 방한용으로 '물체'라는 누비옷을 착용하였다. 즉, 솜을 넣어 누빈 투박한 상의로 물질 갔다 온 후 추위를 덜기 위해 입었다.

물체 외에도 포대기와 유사한 형태의 방한용 누비 솜인 '뚜데기'는 불턱에서 둘러쓰기도 하고, 육지로 물질을 갈 때는 이불로도 사용하였다. 그 외에 해녀들은 1910년 후반부터 머리에 물수건을 썼는데, 바람이 거센 제주에 적합하여 모자나 수건으로도 사용되었다. 1960년대 일본으로 출가했던 해녀의 보급으로 인해 물수건 대신 까부리를 쓰게 되었다. 뒤집어쓰는 모자 형태인 까부리는 귀에서 뒷목까지 다 덮을 수 있어 더욱 따뜻하고 편리 하였으나 만들기가 번거로워 멋 부리는 젊은 해녀들이 주로 만들어 착용하였다.

뇌신과 콘택 600

하: 고무옷이 나와서 입으니까 오래 작업을 해요. 보통 4시간 이상 하잖아. 그런데 그 약을 안 먹을 수가 없더라고.

박: 무슨 약이요. 뇌신?

하: 네. 거기에다 어떤 해녀는 콘택

600을 섞어 먹더라고. 어떤 사람은 두 개씩 먹고. 나는 한두 시간 작업하면 나오고 싶고 머리 아프고 해서 하나씩 먹어요.

해녀들은 여러 가지 질병에 시달리는데, 거친 바다환경에서 일하느라 신경통과 근육통 등에 시달린다. 또 잠수에 의한 질병도 앓는다. 파도와 조류에 몸이 쓸려가므로 멀미약을 상용하기도 하고, 보통 뇌신이라는 제품을 많이 먹는다. 뇌신은 출시된 지 오래된 약인데, 실은 아세트아미노펜과 카페인이 주성분인 진통제다. 아세트 아미노펜은 코로나에도 많이 처방되어 유명해진 약 성분이다. 이밖에도 판피린, 게보린 등의 진통제를 복용하는 해녀도 많다.

박: 과거 이 마을에 제주해녀들이 오던 시절 이야기를 듣고 싶습니다. 듣기로 중개인들이 제주 해녀들을 몇 달씩 계약해서 인솔하여 왔다고 하던데요. 이 마을도 그랬습니까.

하: 그렇지. 김홍순 할매(같은 마을 해녀). 그 할매한테 최근에 "할망, 내가 아가씨 때 할망 여 왔다"고 했지. 그러니 "맞다. 내가 오십 몇 년 됐다"고 하시더라고. 할망이 고생 많이 했어요. 오남매 키우시고.

박: 체질이 튼튼하셨던 것 같아요.

하: 농담으로 우리가 제주 해녀들은 말뼈 같이 튼튼하다, 그러고 했어요. 허리가 꼿꼿하고. 허리 꾸부러진 할매가 없어.

박: 해녀가 이제 젊은 사람 별로 없고 대보리 해녀는 없어질 것 같잖아요. 어떻게 생각하세요.

하: 모르겠어요. 젊은 사람이 들어와 갖고 그걸 뭐 배아가 한다고 안 한다 하면은 지금 있는 그 상태로서는 지금 하는 해녀가 마쳐버리면 없는 거지. 근데 자원도 고갈되어서. 일 해도 그 그만큼 못 건지고 그렇죠.

박: 제주 출신 해녀들은 일 잘하시죠.

하: 얼마 전에 김홍순 할매 만나서 그랬어요. "할망 왜 그래 잘하노." 그랬더니 이렇게 말해요. "경력이 있는데. 어디 가면 뭐가 있는지 다 비는데(보이는데) 눈으로 비는데 안 잡을 수가 있나"고 해요. 그래서 한참 웃었어요. 보면 다 안대. 나는 지금 다녀도 어디 뭐가 있는지 모르고. 그 상군 해녀들은 아 여기 가면 전복이 있다, 여기 가면 해삼이 있다. 이걸 다 아는 거예요. 나는 전복 따면 그래요. "전복 눈이 어두바가(어두워서) 재수없어서 나한테 걸렸다." 그렇게 농담을 해요.

이쯤에 남편인 최익로 어촌계장이 말을 보탠다. 기본적으로 자원이 적어서 물량이 없다고 한다.

최: 옛날에는 우리 작은 어장이라도 우리 마을 순수익이 해녀들에게 지불하고서도 1억 5천 1억 8천이랬어요. 지금은 3천이 안돼요. 한 개인이 아니고 어촌계 전체 한 달 수입이 그래요. 해녀들 7.5할 주고 2.5할이 어촌계 수입이에요.

박: 그 물 아래 들어가면 조금 나가면 밑에 물 흐름이 다 느껴지지 않아요.

하: 느껴져요. 난 무서워요. 이렇게 멀리 나가잖아 그럼 엄청 무서워. 이래가 육지가 되게 멀어졌다 싶으면 무서워서 못해. 귀가 벌써 먹먹하

지. 나는 한 사 미터? (상군이 아니어서) 그 정도 들어가요. 그런데도 힘들어요. 한번은 인자 나갔어. 그 물(조류)이 많이 가는데 뭣도 모르고 간 거야. 홍합을 한 마리 캤다고 해가 들어갔지. 그 물이 이제 일본 쪽으로 가는 거래요. 엄마야 내 두룽박 저거 어쩌나. 가가 잡았어. 야 그날 얼마나 애를 먹었는지 몰라. 조류 흐름에 (역류해서) 반대로 올라가지질 않아. 역영을 해야 하니까. 얼마나 애를 먹었나 몰라. 다시 그라고는 그쪽에는 한 번도 절대 안 가고 싶지.

박: 물살이 저쪽으로 흘러가는데 어떻게 그러면 역영해서 돌아와요?

하: 물 가는 쪽으로 하면서 돌면서 이렇게 들어오면 되는데 그냥 역으로 그냥 바로 들어오려다가 위험했지.

닻줄에 삶도 걸고 밥줄도 걸고

해녀들은 이런 위험을 방지하려고 닻줄을 내린다. 두룽박이 떠내려가지 않고 작업을 안정적으로 할 수 있게 도와준다.

하: 지금은 이제 다들 닻줄을 갖고 댕기잖아. 내가 옛날에 그걸 모르니까 이제 김홍순이 할매가 닻줄을 만들어 줘서 두룽박마다 해놨어. 줄 길이만큼만 딸려가니까 좋아.

성게비빔밥을 준비하는 하정옥 해녀.

다시 음식 얘기로 돌아갔다. 하씨는 손맛이 좋고 식당 운영도 잘했다. 현재는 가정요리만 하지만, 외지에서 필자처럼 구룡포 음식에 대해 묻는 이들이 오면 한 상 차리곤 한다.

하: 내가 미역국을 끓이면 한 솥을 끓인다고. 조금 끓이면 맛이 없어. 뭐든지 그래. 요새 고등어 나잖아요. 그거 털어가 시락국 끓여놔도 맛있어. 내가 그거 전문이야. 생고등어로요. 삶아가 털어버리고 시래기하고 된장 조금 밀가루 조금 쪼물락해가고 끓여 놓으면 아주 잘 팔렸어요(거북식당이라는 지역음식 전문점을 운영하다가 이제는 닫았다). 12월 31일, 1월 1일 날 아침에 바닷가에서 팔았다니까요. 아들 친구들이 도와주고. 고등어 시락국이라고 해서 팔았어요. 한 그릇에 5천원.

손질한 뿔소라. 잔손이 많이 가는 해물 중의 하나다. 물회에도 넣고 찌개나 국거리가 된다.

(왼쪽 위에서 시계방향으로) 2월쯤 잠깐 나오는 서설이 무침. 호미곶의 여름 별미 우뭇가사리(천초) 콩국. 맛보기 힘든 청각으로 만든 초고추장 물회. 우뭇가사리 묵.

마자반(모자반) 무침.

지역 명물로 인기를 끌었다. 연말연시는 호미곶에 사람들이 엄청나게 몰려온다. 이곳의 해맞이는 알다시피 아주 유명하다. 이 손님들을 대상으로 판시락국의 추억을 가지고 있다. 현재는 하지 않는다. 해를 넘기며 밤새 장사하고, 손님들은 뜨끈한 고등어시락국을 해장국으로 먹을 수 있던 것도 이제는 다 추억이 되었다. 하씨는 까치식당 하는 김외순씨와 함께 각기 다른 메뉴로 그렇게 매년 기념비적인(?) 대보리 음식을 역사에 남겼다.

하: 12월 31일 하루 종일 밤새서 하고 새해 1월 1일 점심까지 하고

끝내요. 아주 힘들어요. 사람들이 앉을 자리가 없었어요. 지금도 하느냐고 전화가 옵니다. 밥을 미처 못 지어서 다 팔지도 못했어요. 까치식당은 꽁치로 다대기 해가 밥 팔고 나는 고등어시락국 팔고. 이제는 안하지만 고등어 나오면 한번씩 끓여는 먹어요.

식당을 닫고, 이 명물 음식을 그만 팔게 되면서 호미곶에 온 손님들은 이제는 생선매운탕 같은 걸 먹는다. 한 전설이랄까. 시절이 사라진 것이다.

박: 꽁치 다대기를 집에서 해먹을 수 있나요.

하: 칼로 곱게 다져가 밀가루 조금 여가 수제비 뜨듯이 띠가 숟가락으로 넣어서 먹는 거예요. 살을 완자처럼 만들어서. 수제비처럼 뚝뚝 띠가 여서 되요. 메루치 육수에다가. 그래 가지고 많이 끓여 먹어요. 국수에도 해먹고 향토 음식이에요. 양념은 살에다 따로 안하고.

박: 고등어 시락국 만드는 방법좀 알려주세요.

하: 나는 시락국을 된장을 조금 써요. 많이는 안 넣고 된장 조금 넣어 가지고 시래기하고 같이 고등어 살은 삶아서 살만 추려서 끓이시면 됩니다. 손으로 조물조물 된장 넣고 다시 같이 하죠. 그래서 농도 내야 하니까 밀가루를 넣고. 부추도 넣고.

하정옥 해녀 부부와 함께 국수를 만들고 있는 박찬일.

박: 성게도 비빔밥으로 많이 하시죠.

하: 네. 말똥이랑 보라성게가 달라요. 보라 성게는 이 양념이 밥을 많이 비비면 좀 축축하잖아요. 근데 말똥성게는 그렇지 않아요. 보라성게랑 같은 양념으로 비벼도 달라요. 참기름 깨소금 넣고 비벼요. 말똥성게는 물기가 없어서 더 좋아요. 맛이 달라요. 말똥이 더 진하고 달아요. 말똥은 이 지역에서는 10월 말 11월 초 되면 작업해요. 하지만 미역국은 보라성게가 좋아요.

성게비빔밥을 완성하는 모습. 보라성게와 말똥성게는 맛의 결이 조금 다르다.

말똥성게와 보라성게의 차이

어촌과 섬 문화 연구자 강제윤 씨의 책 『경북 동해안 해녀음식 이야기』(2021. 경상북도)에는 꽁치다대기국에 대해 이렇게 쓰고 있다.

> 뼈째 다져서 만든 꽁치 완자를 넣고 끓이는 음식이 바로 꽁치 다대기인데 꽁치 완자 시락국, 꽁치국, 꽁치당구국, 꽁치 다대기 추어탕, 꽁치 시락국수 등의 다

보라성게

말똥성게

양한 이름과 형태도 진화해 왔다. 꽁치 완자 요리는 포항과 울릉도에서 함께 즐기는 향토 음식이다. 울릉도에는 꽁치 완자에 섬엉겅퀴를 넣고 끓이는 꽁치 완자엉겅퀴된장국이 대표 요리다.

꽁치가 많이 나던 시절 싸고 영양가 많은 꽁치를 뼈까지 다져 먹기 위해 꽁치 완자가 만들어졌고 그것이 지금까지 음식문화로 이어지고 있다. 꽁치 완자 요리는 살뿐만 아니라 칼슘이 풍부한 뼈까지 버리지 않고 다져서 완자로 만들어 먹었던 지혜로운 요리다. 꽁치 완자 시락국을 끓이는 방법은 집집마다 다르다. 그때그때 값싸고 흔한 생선을 넣고 육수를 내는 집도 있고, 멸치육수만 쓰는 집도 있고, 달리 육수를 내지 않고 꽁치완자와 야채만 넣고 끓여내는 집도 있다. 역시 요리에는 고정된 레시피가 없다. 다만 꽁치 완자를 넣는다는 점만 동일하다. 하지만 이 꽁치 완자를 만드는 법도 제각각이다. 꽁치 살과 뼈를 다져서 사용하는 것은 같은데 완자를 만들면서 여기에 밀가루를 섞는 집도 있고 밀가루를 전혀 쓰지 않고 꽁치만을 사용하는 집도 있다. 포항에 꽁치 완자 시락국이 있다면 울릉도에는 엉겅퀴를 넣고 끓이는 꽁치 완자 엉겅퀴 된장국도 있다. 그 밖에도 꽁치는 꽁치물회, 꽁치젓갈로도 만들어진다.

〈조리법〉

꽁치 완자 시락국

1. 꽁치를 도마에 놓고 살과 뼈를 함께 칼로 다진다.
2. 다진 꽁치에 밀가루를 넣고 반죽하여 완자를 만든다.
3, 멸치를 끓여 육수를 만든다.
4. 육수에 무청이나 배추 시래기를 넣고 다진 마늘, 매운 고추를 넣고 끓인다.
5. 국이 끓기 시작하면 꽁치 완자를 넣고 끓여준다.

이 음식은 구룡포 시내에서 만들어 파는 식당이 있다. 구룡포 음식은 최근 모리국수 등이 유명하지만 이 국도 은근히 인기가 있다고 한다.

하 씨와 호미곶 음식 얘기를 하다가 오랜 시간이 흘렀다. 이 지역 음식을 더 널리 알리는 기획이 있으면 좋겠다고 생각했다. 맛있는 음식이 사장되고 있달까. 적어도 기록은 해놓아야 하지 않겠나 싶었다.

뿔소라, 성게 등으로 한 상 잘 차린 해녀 밥상.

섭(자연산 홍합)은 그냥 삶아도 맛있고, 살을 다져서 국을 끓이기도 한다.

애 다섯 데리고 대보 와서 해녀로 평생 살았소

김홍순 해녀

애 다섯 데리고 대보 와서 해녀로 평생 살았소

김홍순 해녀

○

2022년 가을 김홍순(82) 해녀 댁에서 밥을 얻어먹었다. 막 작업한 미역을 손질하고 있었다. 김 해녀는 귀가 어둡다. 오랜 잠수로 얻은 난청 때문이다. 같이 취재 간, 해녀와 친분이 깊은 김수정 작가가 목소리를 높여야 알아들었다. 나의 마음은 무거웠으나 감상에 빠지지 말자고 생각했다. 밥을 얻어먹고 얘기를 듣고 돌아오는 시간에 해녀는 미역을 주섬주섬 담아서 우리에게 억지로 안겼다. "젤 맛있는 미역이야." 그러지 않는다고 했는데 마음이 슬쩍 젖었다.

마당에 들어서니 고무옷 냄새가 난다. 해녀들이 작업하고 돌아오면 고무옷을 벗어 널어 말린다. 거기 특유의 냄새가 있다. 새 것을 사도 독특한 냄새가 있다. 어떤 예비 해녀는 고무옷 냄새를 처음 맡고 구토를 하는 경우도 있다. 어쩌면 김홍순 해녀에게 고무옷은 벗어놓은 다른 인생 같다. 등신대의 그 고무옷을 보니 마음이 싸하다.

대보리 김홍순 해녀는 제주도 이주 해녀다. 제주도 우도 출신이다.

고향에서 이미 자식 다섯을 낳고 남편과 함께 일곱 식구가 이주해 왔다. 우도에서도 물질을 했다. 제주에서는 물질을 하는 딸에게 친정엄마가 물질 도구를 주는 경우가 있다. 그이도 두룽박을 받았다고 한다. 서른한 살 때 대보리로 왔다. 그 전에 남편은 오징어배를 타러 구룡포에 간다고 하고는 소식이 없었다. 아이 다섯에 보따리 하나를 들고 찾아왔다. 그렇게 그이의 새로운 인생이 시작됐다. 이 마을에서 살림하고, 물질했다. 처음에는 마을에서 물질을 못했다. 텃세가 있었다. 일 년이 지나고 서야 마을 앞바당에 들어갈 수 있었다.

"그때는 다 힘들었지. 애기들은 많지 먹고는 살아야지. 학비도 많이 들어가서 물질을 열심히 했다."

이주 해녀의 역사를 온 몸에 새기고

김 해녀는 나이 들어 이주해 온 해녀라 아직도 제주 말이 앞서 있다. 경상도 말이 군데군데 섞인다. 연세 들고 귀도 어두운데 두 가지 사투리를 섞어 쓴다. 우리더러 밥 먹으라고 상을 차린다. 양은 밥상에 찬이 올랐다. 귀한 문어도 있고 작업한 미역도 급히 반찬이 되어 있다. 미역줄기 장아찌가 아주 맛있다. 어디서 사셨는지 얻었는지 실한 복숭아도 썰어냈다. 호박국이 얌전히 상에 놓여 있다.

김홍순 해녀가 귀한 문어를 써서 한 상 뚝딱 차렸다.

미역줄기 장아찌 무침과 청각.

"삼성호에서 얻은 문애다. 해녀는 문애 별로 못 잡는다."친정은 살림이 괜찮았다고 한다. 기와를 구워서 먹고살만 했다. 결혼생활은 고됐다. 아이가 태어났고, 일은 많았다. 우도에는 마을이 12개 있는데, 그 전체에 상군이 셋이었다고 한다. 친정엄마가 그중 한 분이었다. 내림으로 해녀를 했다. 그때는 먼 데로 시집가지 않으면 다 해녀를 하는 줄 알았다. 운명이었다. 추울 때 불턱에서 뒤집어쓰는 보온 옷을 친정엄마가 해줄 정도였다.

"이제 돌아가셨지만 남편도 우도 사람이었다. 여기서 이장도 하고 그랬다."

김 해녀는 지금도 밭일, 혼자 사는 집 간수와 종종 엄마가 걱정되고 보고 싶어 오는 아이들에게 줄 수산물 갈무리며 물질을 쉬지 않고 한다. 일이 숙명인 사람 같다. 이제 연세가 많다. 그런데도 아직도 상군 급이며, 여러 작업에서도 뒤로 처지지 않는다. 한번은, 보라성게 잡아서 후반작업 하는데, 그 작은 몸피를 둥글게 말고 성게를 일일이 따고 검은 막 골라내

는 장면을 본 적이 있다. 허리도 펴지 않고 꼼짝없이 몇 시간을 그렇게 일했다.

“죽을 뻔한 적도 많다. 자맥질해서 작업하고 올라오는데 그물이 탁 가로막고 걸리는 거다. 죽는 줄 알았지. 어떻게 남은 숨을 참으며 악착같이 뜯어냈다. 머리 위 그물을. 그물이 오래 되어 삭았으니까 뜯어낼 수 있었던 것 같다. 옆에 동료가 도와주어서 살았다. 한번은 물질하다가 추워서 동굴에서 불을 쬐는데 내 앞에 벗어둔 오리발에 큰 바위가 뚝 떨어지더라. 성게 주우러 갔을 때였다. 그 전에 친정아버지 상을 치고 왔는데 그 돌아가신 아버지가 살려줬다."

죽을 고비도 많이 넘겼다

한번은 아래서 작업물을 건져 올라오는데 머리 바로 수면 위로 배가 휙 지나간 적도 있다. 그 배가 지나갈 때까지 수면 아래 바위를 붙들고 터질 듯이 숨을 참았다. 그날 밖으로 나와서 일을 더 못했다. 그래도 다음날은 어김없이 또 물에 갔다.

"이 집을 지은 게 잘한 거다. 여기서 아이들 기르고 살았다."

김 해녀가 웃는다. 오래된 해녀들의 직업병은 누구나 비슷하다. 원년자 해녀가 그렇듯이 김 해녀도 고막을 다쳤다. 수심 차이에 의한 고막 상처다.

"바다가 무섭다. 귀가 아프더니 고막을 다쳤다."

염증이 생겨서 고름이 턱까지 흘렀다. 고막이 '팍 터지는' 느낌이 났다고 한다. 난청이 됐다. 왼쪽이 먼저 터지고 오른쪽도 터지고 말았다. 수술하라고 했지만, 안 했다. 집 한쪽에는 관절염 약과 파스가 보인다. 그래도 쉬고 싶지 않다고 한다. 과거에는 생계로 물질을 했지만, 이제는 쉬면 뭐하나 싶어서 나간다. 자부심도 있다. 팔순에 아이들이 크게 잔치를 해줬다. 아이들이 반듯하게 다 잘 자랐다. 그게 너무도 고맙다.

"내년까지 하려나 모른다. 아직은 힘이 있는데 숨이 점점 준다. 아직도 십 미터 이상 잠수한다."

하지만 해삼은 못 잡는다. 아쉽다. 해삼은 십 미터보다 훨씬 더 깊은

당신을 지켜준 두룽박에 선명하게 보이는 김홍순이라는 세 글자.

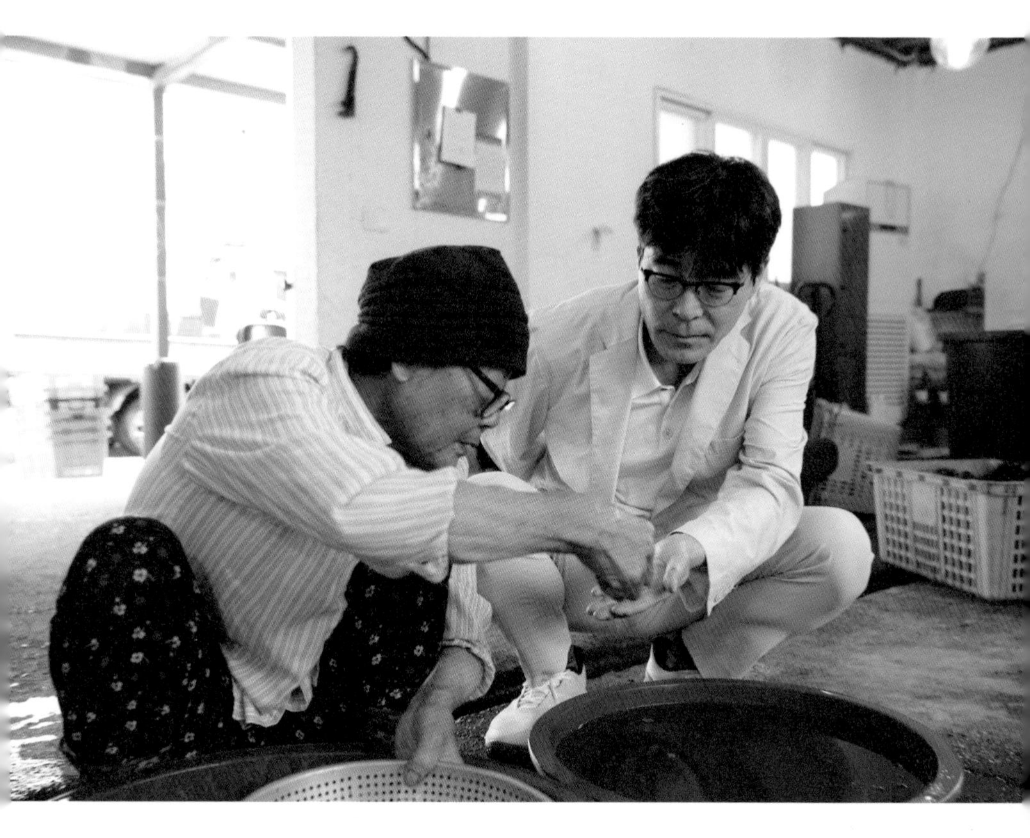

바다에 주로 서식하기 때문이다. 어디서 해녀가 잡은 해삼이라 하면, 그 노고를 다시 생각해보고 한 점 먹을 일이다. 횟집에 가면 늘 딸려 나오는 기본 안주가 있었다. 해삼과 멍게다. 얼마나 흔했던지 '리필'도 잘 해주곤 했다. 시간을 거슬러 가면, 초등학생 때도 서울 애들은 멍게 해삼을 먹었다. 믿어지지 않는 말인데, 초등학교 앞에 봄이면 멍게 해삼 장수가 사과 궤짝이나 리어카를 놓고 초장 찍어서 팔았다. 옷핀을 하나씩 쥐어주고서 말이지. 톡 쏘는 초고추장에 멍게 해삼을 먹는 초등학생들을 상상해보라. 어른 술안주나 해야 할 것을 그때 초등학생은 떡볶이 먹듯이 간식으로 먹었다. 그런 해삼이 이제는 귀해서 잡고 싶은데 노장 해녀에게는 숨이 모자라 못 잡는 물건이 됐다.

아직도 잡고 싶은 게 많아

제주 해녀의 이주 노동사는 아주 오래되었다. 이미 해방 이전부터 있었던 일이다. 해녀 이주는 물론 국내에 국한되지만 단기 노동으로는 러시아와 일본에도 갔다. 제주대학교 대학원 석사논문에 〈근현대 제주도 출가해녀와 입어관행〉(김미선. 2008년)이 있다. 제주도와 경북이 이미 해녀 노동과 깊은 관계를 맺고 있었다. 예를 들어 경북 바다에 우뭇가사리가 제주보다 네 배나 많았다. 일제강점기 무렵, 경북엔 해녀가 없었으니 제주도 해녀가 출가해서 잡는 게 관행이었다. 김미선의 논문에는 제주도와 경북도가 해녀의 작업 문제로 오랜 기간 분쟁한 역사를 기록하고 있다. 흥미로운 건 경북에서도 구룡포, 대보에 이미 제주 해녀들이 와서 작업했다는 것이다. 이런 역사가 현재로 이어지고 있는 것으로 보인다. 해방 후에도 제주 해녀들이 지속적으로 작업을 했으며, 이때 입어료를 받거나 인원을 제한하는 등 협의와 다툼이 잦았던 걸로 논문은 쓰고 있다.

메가리젓은 내가 젤로 잘 담근다

박정숙 해녀

메가리젓은 내가 젤로 잘 담근다

박정숙 해녀

구룡포 어촌계 작업장 근처에 사는 박정숙(73) 해녀. 이 해녀는 젓갈 담그는 기술이 뛰어나다. 해녀는 바다에서 일하는 일꾼으로, 아내로, 요리의 전승자라는 여러 역을 맡아왔다고 할 수 있다. 포항 구룡포 요리의 특징은 다양한 젓갈의 사용, 특히 다른 지역에서 사용하지 않는 젓갈이 많다. 밥식해, 메가리젓, 고등어젓 등 다양한 음식 세계에 대해 구술해주셨다. 방문 시기가 마침 태풍이 지나간 지 얼마 안 되었는데, 역시 이 해녀도 피해를 입었다고 한다. 숙성 중이던 젓갈이 여러 통 날아가버렸다. 어른의 체중을 넘는 젓갈통도 날려버리는 태풍의 위력에 아연한 순간이었다. 하나 남은 젓갈통을 밧줄로 꽁꽁 결속시켜 놓은 모습이 보였다. 마치 사라져가는 우리 바닷가 음식 문화의 상징처럼 보였다.특히 이곳의 일제강점기 시절 젓갈 담그는 대형 시설이 있었다는 증언은 중요한 대목 같다.

메가리젓의 비결은

숙: 젓갈이 맛있는 건 메레치(멸치)에 메가리(전갱이 새끼) 까끌까끌한 고거에다가 고등어 새끼를 넣으면 젓갈이 맛있어요. 고등어에 깊은 맛이 있거든.

박: 멸치하고 섞어요?

숙: 섞어서 담가놓으면 젓갈이 맛있습니다. 밥식해는 고춧가루 여코 담궂는데 여기는 해때기(횟데기. 홍치)로 하는데 나는 그래 안 담굽니다. 뿔소라 있지예? 거기에 이림이, 즉 오징어 깨놨는거랑 해서, 전복 있으면 전복 좀 넣고. 이렇게 하면 젓갈 못 먹는 사람도 다 먹을 수 있다카이. 내가 여기 본토백이거든. 친정집이 이쪽인데 이 골목 조금만 가면 일본사람들이(일제강점기 때) 간통 있지요? 젓갈 담가묵는. 그게 10개 있었다고.

박: 여기 젓갈 만드는 공장 같은 게 있었다는 거죠?

숙: 네. 여기 일본사람들이 와서 젓갈담갔니더. 요래 납닥납닥하게 예 그래 되가 있는데 인자는 집을 어그래뿌래가. 있는데 간통은 인제 없애뿌고 집이 이래 열 칸 들어왔다. 그게 한 칸에 한 집이 들어가서 살았다. 그래서 열칸집이라 했거든. 그때 생선 잡은 갠짜구 같은 배들이 많이 들어와서 (생선을 부려놓고 갔다).

박: 갠짜구?

숙: 갠짜구, 요새 같으면 (머서 들어올 수 없는) 트롤선 같은 배. 그런 배가 들어와갖고 생선 부리고 젓갈 담가놓고 했다. 메르치고 뭐고 아무 생선이나 다 부려서 여기서 젓갈을 담갔다. 지금도 간통이 있다. 우리 집 옆에 간통 있다. 이만큼 깊게 해서 생선 저장해서 세멘트로 만든 거다. 그걸로 열 개 만들어서 여기가 열칸이 있었고, 그래서 열칸집이라고 한다. 별명이. 우리 동생들도 "언니야, 열칸집이 엄성시럽다"고 해요. 방이 째만큼 하니까(작으니까)

메가리젓을 시식하고 있다. 구수하고 깊은 맛에 깜짝 놀랐다.

그러니까 젓갈 담그던 큰 세멘트 통이 있던 공간에 작은 방을 들이고, 그곳에 사람이 살았다는 뜻이다.

숙: 해방 되고 일본사람들이 간 후에는 간통은 남아 있었는데, 젓갈은 안 담갔지. 남아 있던 간통도 몇 년 전에 어그라졌다. (어떤 간통은) 중학교 담에 붙여가 벽을 만들고 사람이 살았다.

박: 여기가 젓갈 담그는 동네였군요.

숙: 그렇지. 여기서 젓갈 절구코 그랬지. 여기서 젓갈 배왔지.

박: 그럼 그 젓갈이 일본식입니까.

숙: 아니지, 이제는 여기는 한국이니까 한국식이지. 꽁치 젓갈이 최고 맛있다. 담가 노면 (꽁치) 젓갈 물이 맑니더, 물이 이래 말갛게 나옵니더. 나는 메르치는 잘 안하고 꽁치하고… 메가리하고 고등어새끼 요래만 같이 담갔지. 처녀 때부터 했지. 메가리 고등어젓갈을 어촌계 밑에 창고가 하나 있었는데 식해까지 태풍에 다 날라가뿟다. 그 젓갈을 열두 두구리인가 했는데(두구리는 물이 빠지도록 소쿠리처럼 된 통으로 어장에서 고기를 받아올 때 쓴다). 해녀들이 마케 다 내 젓갈을 좋아했거든.(아깝다).

고등어새끼가 맛있는데 잘 안 나오거든. 별도로 고등어새끼로만 담굿키가 어려워요. 어장에서 메가리랑 섞이가 나오거든. 우리 구만리 사는 아주버님이 대보에 정치망 어장 하니까 메가리하고 고등어새끼가 섞인

게 나올 적에는 연락을 해주니까 사와서 담궂는 거지.

전갱이랑 고등어 새끼를 구해야 좋지

전갱이 새끼, 고등어 새끼 젓갈은 외지인은 거의 모른다. 꽁치젓은 방송 등으로 외부에 많이 알려졌지만. 현지의 정치망에는 더러 두 가지가 섞여서 잡힐 때가 있으므로 특별히 부탁하여 담근다는 뜻이다.

숙: 두 가지가 섞여 온다고 연락이 오면 그걸로 담가. 3대1로 해요(고기 3에 소금 1 비율). 그게 최고 맛있어요. 그렇게 버물라 가지고 해요. 난 메가리만은 안 담가. 이 동네 사람은 메가리만으로도 하는데, 나는 그리 안해요. 섞어서 하지. 고등어는 살이 안 짚은교(깊지 않은가). 메가리는 살이 좀 약하거든. 그 대신 소금을 마이 해야지. 그래가 1년 안에 뜨는 사람도 있지만 나는 더 오래 둬요. (진젓으로 바로 안 쓰고) 맑게 걸러서 써요. 익으면 걸러가 건더기는 딱 모으고 맑게 걸러요. 다른 먼 동네 가보니까 여기다가 미원도 많이 넣어요. 우리는 우리가 먹는 거라 미원 안 넣고. 우린 안 팔아요. 우리 젓갈 맛있다고 해녀들이 한 사발씩 퍼 가고, 옆에 전복집에서도 퍼 가고, 그렇게 써요. 까나리액젓 그런 거 있잖은겨. 우리는 그런 거 안 담가요. 우리 꺼는 진짜배기야. 우리 동생네는 팔기는 해요. 한 병에 만3천원. 여기는 젓갈을 마이 김장 할 때 넣어요. 저 우대는 젓갈 많이 안 넣고.(젓갈 쓰는 방식이 지역마다 다르다는 뜻).

박: 젓갈로 요리도 많이 하시죠.

숙: 뭐 무칠 때도 넣고. 그래 우리는 바다에 물나물도 있고 젓갈을 많이 쓴다.

물나물이라는 건 해조를 의미한다. 해녀들은 육지 나물도 먹고 해조도 먹기 때문에 두 나물을 구분하려고 물나물이라고 칭한다.

숙: 젓갈은 많이 담가야 맛있어요. (정치망) 어장에 가면 두구리로 팔거든. 한두 두구리는 안 사고 다섯 두구리씩 그래 사요. 두구리에다 받아와요. 20, 30킬로씩. 소금은 신안 천일염.

박: 메가리 고등어젓은 언제 담가요.

숙: 보통 가을에 담긋치. 태풍에 날라간 건 봄에 담근 거다.

젓갈은 주로 가을에 담근다. 가을 고기가 맛있기 때문이다. 봄에도 담그는데 양이 적다. 봄에 들이는 고기는 가격이 더 싸다고 한다. 이 메가리젓은 김장에도 넣는다. 다시마랑 멸치 달여서 육수 내어 메가리젓과 섞어 담그면 김장 맛이 기막히다고 한다.

잘 익은 꽁치젓갈 벌건 살을 죽죽 찢어내 먹으면

박: 꽁치젓갈은 안 하세요.

숙: 꽁치젓갈이 맛있지. 최고야. 그거는 담가가지고 익으면 고등어맨치로 찔찔 털어내가지고 살이 벌겋거든. 그래 해가지고 쪽파 넣고 이래가 무쳐도 먹고. 근데 꽁치가 비싸 없어요. 요새. 과메기 하는 걸로 해봤는데 맛이 없어요. 꽁치가 없니더.

박: 밥식해는 어떻게 담가요.

숙: 밥식해는 헷대기나 가재미나. 메조가 들어가. 근데 우리 시어머니는 그래 하는데 동네마다 다 달라. 우리는 질금(엿기름)을 넣어 밥식해를 사쿠거든요. 대보 큰집에서는 질금 안 넣고 밥알이 하얗게 해. 동네마다 달라.

밥식해를 시식했다. 전복도 들어가고 고급이다. 무가 많이 들어갔다. 맛이 아주 좋다. 메가리(어린 고등어)젓이 들어가서 맛이 좋다고 한다.

숙: 요새 무가 비싸가(많이 못 넣는다. 당시 무가 태풍과 비 등으로 작황이 나빠 아주 비쌌다). 꼬치가리도 많이 드가고. 가포가 많이 드가요 밥식해가. (가포가 뭐예요?) 이런저런 재료가 많이 드간다는 뜻이야. 우물김치(물김치) 담글 때 메가리젓을 넣으면 맛이 좋아요. 밥식해는 물엿도 좀 여코, 마늘이 필수, 생강은 넣는 사람도 있고 꼬치가리가 아주 곱게 잘 들어가야 해요. 밥식해는 그래서 재료가 돈이 많이 드가요.

해녀는 허리 수술도 하고 철심을 박아서 편찮다. 그래도 해녀 물질은 나간다.

숙: 내가 상군이야(웃음). 물질은 꽤 나간다 아직도. 옛날엔 이런 거(전복 같은 해녀 작업물)가 아주 쌌다. 채취를 많이 안 했다(판로도 없고 해서). 제주도 해녀들이 와가 천추(천초), 도박 마이 했다. 그 해조를 중학

교에 가서. 그때 담이 없었어요. 그래서 중학교 마당에다 널고 그랬어요.

천추(천초)란 우뭇가사리를 말한다. 보통 우리는 말린 걸 쑤어서 탱글하게 만든 완제품을 먹어서 잘 모르는데, 천초는 말리면 하얗게 변한다. 말리는 작업이 아주 중요하다. 보존성을 높이기 위함이다. 일본인이 많이 사갔기 때문에 돈이 되었다. 천초를 많이 작업한 이유이기도 하다. 천초를 먹는 경우는 거의 없었고 돈을 만들기 위해 팔았다.

천초는 수출품이라 힘을 내서 마이 말라 팔았다

숙: 널어가지고 말루코 비비고 하얘질 때까지. 구부리고 해서 팔았지. 일본사람들한테. 당면도 이걸로 만들고 과자도 한다고 그러대. 그때는.

박: 도박은 이제 안 하죠.

숙: 그렇지. 옛날엔 삶아가 풀로 많이 썼는데 요새는 안 뜯는다.

박: 서설이는 안 했어요?

숙: 왜. 마이 했지. 서실(이렇게 발음했다) 마이 했지. 나는 물회 중에 서실이 제일 맛있다. 서실은 돈이 안 되고, 마자반(모자반)은 돈이 되고. 진저리도 하고. 미역 꾸다리(미역귀)하고 담가 묵으면 맛있니더. 된장에 넣었다가 며칠 있으면 씻어뿌고 무쳐 먹으면 맛있니더.

박: 지금도 그런 물나물 해드시나요.

숙: 야. 우린 그런 것밖에 더 먹는교. 진짜 맛있다. 얼마 전에 케이비에스 방송 촬영 왔더라고, 여기 어촌계장(성정희 해녀) 취재하느라꼬. 소라 국수 해내라 하대. 그래서 우리 소라 있는 걸로 소라 국수 삶고. (제작진이) 평생 이런 거 첨 먹어본다고 하대.

진짜 순 100퍼센트 오리지널 자연산 돌김 말리는 장면.
이제 이런 김은 만나기 어렵다.

해: 소라국수는 잔치국수 삶고 배 여코 오이 여코 비빔으로.

소라는 뿔소라를 의미한다. 근자에 전복, 멍게, 해삼 등은 다 줄고 안 보이는데 늘어난 건 뿔소라와 보라성게다. 이 생물은 맛이 좋긴한데 먹성이 너무 뛰어나서 해조를 많이 먹어치운다고 한다. 그러면 다른 생물 먹을 먹이가 줄어드는 역효과가 있다고 한다. 우리가 모르는 바다 사정이 뜻밖에도 있다. 해녀들에게 그다지 바람직하지 않은 생물이 뿔소라다.

숙: 여기 고추장은 좀 다릅니다. 다른 데는 태양초 넣고 빨갛게 만드는데 여기는 밀 과 콩 띄아가 담구커든. 맛은 좋은데 1년 넘으면 까매집니다. 우리 초장은 밀장이기 때문에 놔두면 까매지는 걸 알면 괜찮은데 빨갛지 않으니까 외지 사람들은 이상하게 생각하지.

필자가 접해본, 대보리 어촌계장 부인인 하정옥씨가 만든 해녀 음식도 초고추장이 검었다. 이 지역의 고추장의 특성이다. 오히려 검어서 숙성된 느낌이 나고 얄팍하지 않아서 좋은데, 빨간 공장 고추장 초장만 먹어본 도시 사람이 어색해 한다, 이런 취지의 말을 해녀는 하고 있었다. 취재 당시 말똥성게 작업을 시작했다. 그이도 해녀로서 이런 작업은 반갑다. 허리가 안 좋아도 나가서 얼마든지 주울 수 있다.

숙: 어제 입찰 봤는데 일본 사람도 왔는데 떨어지고 이 지역 사람이 샀는데 1킬로에 13만 5천 원에 전체 입찰을 받았다. 작년과 비슷하다. 까는 건 퍼떡퍼떡 까는데 선별하는 게 힘들다.

돌김을 만드는 법

이 해녀는 결혼해서 큰애를 스물두 살에 낳았는데 남편이 아기가 8개월 무렵에 군대에 갔다.

숙: 생계를 이어야 하니 친정에 도움 받아가 살게 됐지. 그때 친정이

뎀마(전마선)를 했는데 자연산 장어를 잡았다. 주낙 사려서 장어 잡았지. 그때부터 보니 농사도 없지, 그래 물맛 보게 됐지. 파도치고 하면 천추 떠내려 오고 그거 걷어서 쪼맨침(겨우) 생활하다가 안 되어서 대보로 들어갔다. 거기서 해녀 일 시작하게 됐지. 그때는 김도 했다. 내 고생 마이 했다.

김을 바위에 끍어갖고 이제 조감치(전복껍질 등 조개껍질) 아이고 철사로 요런 걸로 해가지고 나박신 있제 짚신. 그거 신고 댕겨야 돼. 안 그러면 물에 빠져.

어떻게 작업하나면 김 할 사람들을 어촌계장이 일렬로 세워. "요이 땅!"해서 (경쟁해서) 뛰어들어가 김을 해가 들어왔지. 그것도 일 많에요. 돌이 붙어가지고, (돌을) 일어야 되고, 김을 한 장씩 붙여야 되고. 내 고생이 진짜 많았다. 김을 소따깨이(솥뚜껑)에 놓고 붙여가 말려서 10장씩 묶어서 팔았지. 돈은 좀 됐지만 너무 힘들었다.

그렇게 해녀 했지. 고무옷도 없이 그냥 바지 입고 들어가 천추 뜯고 말라가지고 팔고 그리 살았지.

이 당시만 해도 그가 일하던 대보에서는 토박이들은 지금 같은 해녀의 모습은 아니었다. 그냥 티셔츠 입고 바지 차림에 가까운 물에 들어가 천초 정도 뜯는 게 일이었다. 본격적인 물질은 제주에서 온 해녀들의 몫이었다고 기억한다. 대략 50여 년 전이니까 1970년대 초반이다. 이주 해녀는 아니었고, 중개인이 제주에 가서 일시 노동자로 해녀를 모집해 왔다.

숙: 그때 성기(성게)를 해서 일본에 팔았어. 알코올, 주정을 넣으면 성기가 오돌오돌해지고 그걸 소쿠리 같은 데 천 깔고 놔서 일본에 수출했지. 인자는 생으로 팔지만 그때는 그랬다 아입니꺼. 쪼그만 나무 곽에 숟가락으로 성기를 두 둘 세 줄 놓아서 작업했지. 차곡차곡 쌓아서. 그걸로 아침에 입찰을 본다. 그래 살았지. 남편은 제대해서 부산 가서 상선 타서 돈 벌고. 그리 살았니더.

전라도 출신 해녀의 삼치회 맛

문연심 해녀

전라도 출신 해녀의 삼치회 맛

문연심 해녀

○

경북 해녀는 과거 제주 해녀로부터 본격적으로 내용이 깊어졌다. 현재 여든 살 대의 해녀들이 제주 해녀의 마지막 세대다. 그 이후에는 이주 해녀가 나오지 않는다. 대신 물질의 가치를 알게 된 토박이 해녀가 주류를 이룬다. 뜻밖에도 대보리에 전라도 출신의 해녀가 계시다 하여 만났다. 문연심(67) 해녀다. 마침 삼치회가 있다고 하며 내신다. 무려 살아 있는 삼치다. 삼치(회)의 본고장은 대체로 여수, 거문도 쪽으로 본다. 근자에는 유명해져서 철이 아닌데도 냉동해둔 것을 팔 정도다. 삼치회, 그것도 활 삼치회를 포항에서 만나다니 놀라웠다. 활 삼치는 아주 탄력이 넘쳐서 마치 활가오리를 벗겨 놓은 느낌이었다. 음식 담은 그릇을 보니, 옛날 행남자기다. 젊었을 때 월부로 다달이 갚아나가던 그 그릇이다. 세월을 오롯이 느끼게 만드는 자리였다. 같은 마을의 장무해(66) 해녀도 자리를 함께 했다.

문: 삼치는 초장보다 된장으로 쌈장을 만들어 먹는 게 맛있어요. 전어나 오징어는 초장이 맛있지만. 삼치는 살이 옅어서 쌈장이 좋아요. 내

고향이 여수예요.

박: 네? 여수 출신 해녀시네요.

文: 네. 아저씨(남편)가 옛날에 부산에 직장이 있었거든. 아저씨가 기장 대변항, 메리치(멸치) 배를 탈 때 내가 만났어요. 그래 결혼했어요.

삼치 맛있죠. 똑같은 삼치라도 여기 삼치랑 전라도 삼치는 달라요. 여기 삼치는 좀 작아도 단단하고, 거기 삼치는 더운 곳이라 크고 살이 물러요. 대신 거기는 향이 있어요.(과연 이곳 삼치는 남도의 그것에서 맡을 수 있는 연한 풀잎 같은 향이 나지 않는다. 씹는 맛이 좋다. 해녀의 말로는, 남쪽의 삼치도 여기서 회유하여 내려간다고 한다.

갈치머리로도 젓갈을 담가

여수 출신 해녀의 점심상은 단출했다. 쌈장에 삼치회, 묵은지 쌈, 갈치구이, 여기에 포항의 전형적인 반찬 콩잎절임이 나왔다. 영호남의 만남이다. 그게 다가 아니다. 특이한 찬이 하나 더 나왔다. 갈치 머리 젓갈무침이다.

文: 알뜰하게 다 먹는 거예요. 갈치를 잡으면 입만 짤라뿌고 머리를 쪼사요(다져요). 그걸로 젓갈을 담가. 얼매나 맛있는지 몰라.

우리 민족은 생선의 내장도 다 쓴다. 하지만 아무 생선이나 내장 젓갈을 담그지 않는다. 내장에 여러 먹이가 들어 있는 생선은 안 쓴다. 갈치는 소화력이 좋아서인지 내장이 깨끗하고 감칠맛이 있다. 그래서 갈치 내장 젓갈이 유명하다. 하지만 갈치 머리까지 내장을 잠그는 건 또 처음 봤다. 가난한 이의 젓갈이면서 맛있는 젓갈이다. 씹히는 맛이 있다. 머리는 복잡하고 딱딱한 구조를 가지고 있어서 삭아도 꽤 씹힌다.

압권이었던 삼치회가 보인다. 묵은 지에 싸서 쌈장을 발라 먹는다.

고단한 성게알 후반 작업. 허리를 망가뜨린다.

문: 먼저 갈치 대가리를 모아서 가을에 소금으로 절여요. 봄에 먹기 전에 칼로 곱게 다져요. 그 다음에 양념하죠. 마늘은 들어가면 안됩니다. 젓갈엔 마늘 들어가면 아다리 돼요.

보통 요즘의 젓갈 무침은 흔하게 마늘을 넣는다. 마늘 과잉(?)의 시대 아닌가. 헌데 젓갈엔 마늘을 넣지 않아야 맛이 좋다는 해녀의 주장이다. 어쨌든 맛이 좋으니 맞는 말씀이다.

문: 비법이요?(웃음) 고춧가루, 양파, 산초가루(제피가루), 깨소금, 식초랑 설탕 조금.

장무해: 우리 친정엄마는 뭘 잘했냐면, 경상도 음식. 매운 고추를 밀가루 반죽 묻혀서 밥솥에 얹어서 쪄요. 그거 꺼내가 썰어서 초고추장에 찍어먹는데 와 그기 기억이 나나. 또 있다. 고추 농사 끝날 때 거둔 고추, 그거 어떻게 사캈는지(삭혔는지), 젓국에다가. 그게 또 기가맥히게 맛있어요. 다 엄마 음식이지.

문: 그렇지. 돌로 눌러놔. 돌이 뜨면 안돼. 간이 딱 배지. 배추도 여긴 소금 안 쓰고 바닷물로 할 때 있어요.

우리는 11조 해녀다

장무해 해녀는 이른바 11조 해녀다. 깊이 물질을 하지 않고 주로 걸어서 하는 해녀 일을 한다고 해서 우스개로 붙인 이름이다. 11조란 두 다리의 모양을 뜻한다. 깊은 물에 가지 않아도 되는 해녀 일에 치중한다. 수입이 적으므로 해녀 일이 없는 날에는 호미곶 관광지에서 쥐포 등을 구워 파는 일을 한다. 취재 다닐 때 그이가 일하는 곳을 자주 지나다니는데, 그때마다 구운 쥐포를 먹으라고 손에 쥐어주곤 했다. 그 마음에 늘 송구했다.

장무해 해녀는 과메기 판매도 한다. 해녀는 물질로만 생계하는 상군이 있고, 부업이 중요한 해녀도 있다. 다 깜냥껏 살아간다. 삼치회로 고향의 맛을 보여주신 문연심 해녀는 여수에 올초에 다녀왔다. 친정어머니가 돌아가셨기 때문이다. 고향에는 오빠와 동생이 산다. 이제 어머니도 돌아가시고, 여수가 점점 멀어진다. 친정어머니가 돌아가시니 희미하게 이어져 있던 고향의 끈이 더 약해져 버렸다. 여수 말도 이제 다 잊어버렸다. 그래도 여수의 바위섬에 피던 꽃향기는 잊지 못한다.

문: 저 바위 위에 풍란 꽃이 피면요, 길가를 가도 그 냄새가 나요. 향이 진해서.

문연심 해녀의 고향 다도해에는 풍란과 천연기념물 문주란이 지천으로 피었다. 그 향에 취한 소녀의 기억이 있다. 이어서 해조에 대해 말한다.

장무해: 우뭇가사리는 6월에 뜯고. 운단을 8월에 하니까 그 전에 우뭇가사리 뜯는 거지. 서설이는 보라성게(운단)할 때 나온다. 진저리는 2월. 제일 빠른 게 진저리지. 톳은 삼사월에 해서 오뉴월까지. 여름 지나서 보면 두복은 녹아서 없어져요.

해조는 철이 민감하고 그 후에는 녹아 없어지고 흔적이 없다. 해조도 점차 미역, 톳 정도 외에는 안 하게 되어가는 게 요즘 해녀 작업이다.

장무해: 파래와 김도 하지. 비슷한 시기예요. 12월에, 설에 걸쳐서. 김은 정말 힘들어요. 전복 껍질로 많이 긁었지. 1월 안에 뜯어야 돌김이

맛있어요. 돌김도 바위 위에 있어서 햇빛 많이 보고 갈색이 된 건 맛이 없고 아래쪽에 기름기 돌고 까맣고 반짝반짝 붙어 있는 게 맛있어. 이런 김을 먹으면 일반 김을 못 먹어요.

김은 뜯으면 작업해서 말려 판다. 크기는 제각각인데, 모판에 펼쳐서 말린 것이 커서 10장에 3만 원, 그것보다 작게 말린 거 2만 원이다. 시세는 바뀐다. 김 작업을 점점 안 하기 때문에 값이 오르고, 무엇보다 거래 자체가 거의 없다. 작업할 해녀가 줄어들고, 김도 사라져간다. 가족이 먹을 거나 조금 뜯어 말리는 게 보통이다.

1인 5역의 해녀 생활기

장무해 해녀

1인 5역의 해녀 생활기

장무해 해녀

장무해(67) 해녀는 겨울이 되면 과메기를 만들어 판다. 호미곶, 구룡포의 해녀는 전업도 있지만 다채로운 부업을 한다. 그 중의 하나가 과메기다. 과메기는 알려진대로 구룡포 특산이다. 90년대 들어 타 지역과 대도시에 알려지기 시작하여 이제는 구룡포 일대의 주요 산업이다. 청어로 시작했다가 어획이 부족하여 꽁치로 변화되었으며, 최근에는 다시 청어가 잡히고 '오리지널 과메기는 청어'라는 말이 퍼지면서 다시 부활했다. 그렇지만 꽁치도 특유의 맛으로 여전히 과메기의 대종을 이룬다. 꽁치 과메기는 해녀가 잡거나 만드는 어종은 원래 아니지만 동해 구룡포, 호미곶의 주요 산업으로 해녀의 생계에 연결되어 있는 경우도 있어서 이 편에서 다루어본다. 특히 장무해 해녀의 남편이 꽁치잡이 어부이기도 했다.

꽁치잡이와 문어잡이

장: 과메기를 남편이랑 같이 했는데 돌아가시고 나서 혼자서는 몬해요. 딸이 도와줍니다. 배지작업은 덕장을 선별해서 받아요. 청어는 맛있는데 내가 볼 때는 '꽁짜무리'한 게 경상도 말로 비릿한 게 있어서 꽁치를 더 많이 파는 편이에요. 꽁치는 원양에서 잡은 게 기름져서 더 많이 하는 편이에요. 부산 냉동창고에 입하되어 있는 걸로 주로 합니다, 연근해서 잡히는 꽁치는 물회를 하는데 아주 맛있어요. 각자 이제 용도가 다릅니다. 꽁치는 11월 이때 맛있는데. 요새 잘 안 잡히니까. 우리 아저씨가 꽁치바리(꽁치잡이)를 했어요. 꽁치바리는 멀리 가요. 한 이십 마일, 삼십 마일. 멀리 가면 오십 마일도 갑니다.(50마일은 약 80킬로미터). 배질해 가면 보통 노트로 한 이십 노트나 이십오로 해서 배가 빨라도 집에 올 때 보면 최하 다섯 시간, 일곱 시가 거리까지 갑니다. 남편은 나중에 꽁치바리는 그만두고 문애바리를 했어요. 통발로. 통발로 돌문어를 했어요.

문어를 부르는 이름과 종은 다양하다. 동해는 보통 피문어인데 이 지역에서는 피문어를 돌문어라고도 부른다. 돌밭에서 자라는 문어, 단단하고 차진 문어라고 그리 부른다. 일반적으로는 시중에서 남해안 문어를 돌문어, 동해안 것을 피문어라고 한다. 피문어가 대체로 값이 비싸고 활문어가 적다. 시중에서 살아서 팔리는 문어는 거의 남해안 돌문어다.

장: 남해안 가보니까 다리가 짧고 작아요, 문애가. 옛날엔 문애가 참 많았어요. 아침에 일어나서 정박해둔 배에 가보면 뱃머리에 그냥 문어가

붙어 올라와요. 건져와서 먹고 그럴 정도로 많았는데 이제는 잘 안 잡혀요. 차에는 내비게이터가 있잖아요, 배에는 노랑이라는 기계가 있어. 어군탐지기. 바다 밑에 돌까지 다 나와요, 다니는 고기떼들 보이고 하니 다 잡아내지. 길어야 오년 십년 안에는 문어 배도 삼분의 일로 줄어들 것 같아요. 안 잡히니까. 전에는 문애잡이 배가 통발을 넣어도 다섯 틀, 여섯 틀이랬는데 요새는 백 틀 이래 넣어도 덜 잡힙니다.

박: 물질로 문어좀 잡아보셨나요.

하군은 하군대로 해녀 일이 있다

장: 우리는 하군이라 수영도 잘 못해요(웃음). 깊이 못 들어가니까 큰 문애는 못 잡고. 옛날엔 요령으로 큰 돌 같은 데 지키고 있다가 잡고, 또 작은 피문애도 잡고 했죠. 그때는 큰 문애도 막 돌 사이로 나오고 그랬는데 이제 통발 배가 많아서 바닷가쪽으로 오는 문어가 드물어요. 통발은 십오 미터 이십 미터 이상 깊게 내리는데 해녀는 깊어야 세 질, 다섯 질(세 길, 다섯 길. 한 길은 팔 넓힌 길이. 다섯 질이면 길어야 십 미터 내외를 의미한다) 들어가니까 (통발한테) 안 되지요.

박: 과메기는 어쩌다가 하시게 됐어요.

장: 문애도 시원찮고 배도 시원찮고 하니까. 11월에는 말똥성게 하는

데 그것도 날씨가 안 좋으면 못하고 한 칠팔 일밖에 못하기도 해요. 벌이가 안 좋아요. 바람 불고 파도치면 해녀는 못 나가요. 그래서 (생계로) 과메기 하게 됐어요. 말똥성게가 돈이 되는 거 같아도 너무 힘들어요. 한 시에 시작해서 저녁에 끝나고, 아침 일곱 시에 시작해서 열두 시간 하거든요. 고생하는 거 비해서 돈이 적어요. 말똥은 또 알이 작아서 키로 수가 빨리 안 나오고. 보라성게는 알이 굵직하니까 좋긴 해도 결국 값이 싸고(이래저래 일이 고되고 돈은 안 된다).

꽁치 과메기 작업하는 장면.

박: 어디서 시집 오셨어요.

장: 경주. 황성공원 있는 쪽, 내륙이라 바다 물일 그런 거는 모르고 왔어요. 시집 와서 바로 물일을 한 건 아니고, 말똥 하잖아요? 그때는 말똥이 아주 비쌌어요. 남자 노가다 하루 일당보다 셌어요. 말똥 철이 되면 해녀만 하는 게 아니라 아이고 남자고 뭐고 다 들어가서 했어요. 말똥은 깊게 드가는 게 아니라 바닷가에서 줍는 거라.

박: 처음엔 어떻게 배우셨어요.

장: 오래된 해녀들이 고무옷 헌 거 주면서 해봐라 해봐라 카면 시작하지. 도와주니까. 제주 해녀들이 많았고. 부부지간에 나온 분도 있고, 처녀로 와서 여기 총각이랑 결혼도 하고.

이때 물안경도 써보게 된다. 다른 장에도 언급했지만, 해녀들은 처음에는 아무 것도 없이 잠수하다가 쌍안 잠수경을 썼다. 제주 해녀들은 이 물안경을 '눈'이라고 불렀는데 1800년대에 이미 보급이 시작된 것으로 기록에 나온다. 이 수경은 2,3미터밖에 볼 수 없는 자연적인 눈에 비해 20미터 내외로 시야가 확장시켜 주었다. 아시다시피 이후 큰 통유리로 된 외눈안경을 쓰면서 시야가 더 확장되고 피로도도 줄어서 해녀 작업이 한결 나아지고 생산량이 늘었다.

이 지역 해녀들은 전업 해녀들, 상군, 높은 수익을 올리고 작업일이 연 평균 150일 이상 되는 프로들이 많이 생겼지만 장무해 해녀가 일을 시작하던 30, 40년 전만 해도 전업적인 태도를 가진 해녀는 드물었다.

성게는 잡는 것보다 놓는 게 더 힘들어

장: 고무옷 입고 하다가 뭐 딴 벌이가 좀 있으면 추워서 안 한다 이러다가 벌이 없고 시간 있으면 이번엔 좀 해봐야지 하고 다시 물에 들어가고 그랬지요.

해녀가 꼭 물질만 해서 소득을 올리는 건 아니다. 특히 미역은 후반 작업이 아주 중요하다. 여러 번 언급했지만 성게 작업도 잡는 것보다 후반작업이 훨씬 괴롭고 힘들다. 잡는 것도 기술인데, 따서 '놓는 일'도 아주 중요하다. 일본에서 성게알을 사갈 때 목판에 예쁘게 놓인 것을 묶어서 작업하도록 사전에 요청하는데 정교하고 빠른 손놀림이 필요했다. 요즘은 성게 작업이 따서 손질하여 통에 담는 것으로 완료되는데, 과거 일본 수출 시기에는 추가 작업이 있었던 것이다. 그래서 구룡포, 호미곶의 해녀들이 타 지역으로 가서 그 작업을 대행하고 교육도 하곤 했다.

장: 우리가 또 보라성게 여름에 나면은 일본에 다 수출을 했거든요. 나무판에 얹어서. 꽃 모양으로 해가지고 두 줄로 해 놨어요. 전문적으로 양포, 장기 같은 마을을 다니면서도 했어요. 일본에서 온 사람들이 우리에게 가르쳐줘 가지고 그래가 동네 다니면서 얼마씩 받으면서 작업하고 했지. 지금은 수출을 해도 옛날처럼 그렇게 하지 않고 염장하거나 안 그러면

사과나무통을 해가지고 평탄하게 담아서 팔지. 지금은 내수가 많다. 국내에 생활이 좋아지다 보니까 굳이 수출을 안 해도 그 가격을 받으니까.

박: 그러면 여러 가지 겸업을 하시네요. 해녀 하고, 과메기에 건어물도 호미곶에 나가 파시고.

장: (웃음). 건어물을 팔게 된 것도 사연이 있어요. 여기 관광객이 오니까 처음엔 오징어 잘 나올 때 사다가 작업해서 널어 말려요. 말릴 데가 많으니까. 그걸 갖다 팔았어요. 그러다가 우리 자연산 미역이 좋으니까 그것도 팔고. 다시마도 팔아보고.

박: 여기 시집오실 때 이 지역에서 과메기를 해서 드셨어요.

장: 예. 우리가 직접 해가 먹었죠. 겨울에 배가 청어 잡아오면 배 갈라가 줄에 널어놨다가 "야, 오늘 청어 한번 먹자" 누가 그러면 김장김치 꺼내서 같이 싸서 먹었지. 청어 과메기를 반찬으로도 먹어요 .요샌 채소가 대여섯 가지, 김도 주고 하는데 옛날에는 그냥 아무 것도 없으면 밭에 쪽파 좀 뽑아가 마늘 했으니까 마늘 하고 김치 둘둘 말아서 묵었지. 도시 사람들한테 팔고 이렇게 유명해지기 전에는 일상적으로 묵었죠. 처음엔 통으로 말려서, 통마리라고 묵었는데 나중에 배지기를 해서 더 깨끗하고 빠르게 되니까 그게 대세예요. 옛날엔 되게 추워서 통으로 말려도 냄새 안나고 잘 말라요. 얼었다가 녹았다가 이러면 진짜 맛있어요. 꽁치도 내장째로 이래 걸어놔요 그러면 내장을 해가 갈비를 이래 돌려갖고 그러면 살이 벌

게 갖고 그 살 안에서 숙성이 돼가고 진짜 맛있어. 약간 콤콤한 게. 이래 보면 막 벌겋게 내장도 붙어 있고 좀 보기에 막 흉하게 보이는데 그게 맛있어요. 그거 원하는 사람이 별로 없지 지금은. 난 사실 그거 못 먹었어요. 요새는 식당에서 그렇게 파는 집이 없어요. 손질하기 힘들고 시간도 들고 원하는 손님이 없어요. 또 말리는 데 오래 걸려요. 한 달 걸려요. 한 11월 20일 지나 살얼음 얼 때 그때 시작해서 12월이 되면 잘 마릅니다. 제일 맛있을 때지. 지나가 좀 추울 때 살얼음 얼 때 시작해서 겨울로 가면 제일 맛있어요. (올해 이 지역은 11월 기온은 낮에 이십 도 안팎으로 올라가는 날이 태반이었다. 밤에도 칠팔 도, 십도가 흔했다. 그러니 자연 건조는 거의 불가능하다)

해녀끼리 믿어주고 챙겨주고

장 해녀는 손질한 과메기를 팔 때 손수 농사지은 채소를 같이 사서 보내기도 한다. 하지만 나이 들고 무릎관절염이 생기고 허리디스크도 있어서 농사짓기도 벅차다. 이제 오래 농사도 못 지을 듯하다고 한다. 마을에 농사지을 사람이 없어서 밭은 언제든 얻을 수 있다. 쪽파랑 마늘, 대파 정도 소량만 농사를 짓고 있다.

장: 이제 올해 해녀 작업 남은 건 안개이(말똥성게) 하고나면 미역 돌 닦고 내년 4월에 미역 작업 남아 있어요. 그때도 1주일 하면 끝나요. 짧아요. 해녀 작업은 우리 어촌계에서만 하면 적어요. 추석 때 헛물질을 좀 했

어요. 청각도 좀 하고. 우리 마을엔 전복도 많이 않고. 전복은 아무래도 상군이 하는 거고. 나는 청각 뜯었어요. 청각은 얕은 바다에서 자라니까. 청각을 도시 사람들은 김장에 넣고 하는데 여기서는 다양하게 먹어요. 말려두었다가 먹어도 맛있고, 전복도 하고 싶은데 나는 깊은 바다 못 드가. 전복 씨를 뿌립니다. 어촌계가. 상군 할 생각을 왜 안했냐고요? 못 배운 거지, 뭐(웃음). 수영을 못하니까. 안되더라고. 시집 와가 해보니까 안 돼요 그래가 이제 우리 영감 돌아가시고 아이고 이거를 전문적으로 해야 되겠다 싶어 수영부터 배워야 되겠다, 요령은 아니까 수영을 할 줄만 하면 헤엄치려고 깊이도 들어가 보고 하는데 그게 자신이 없으니까 안됐어요. 디스크도 오고 해서. 한번은 해녀들끼리 관광을 갔는데 언니들이 "어이, 11조 나왔나?"이래요. 다 웃고. 그런 우스갯소리도 하고. 하군이라고 기죽고 그건 거 아니니까. 다 벌어먹고 사는 거니까.

박: 해녀들끼리 서로 챙기고 유대감 있고.

장: 그렇죠. 서로 또 그런 게 있는 거죠. 믿어주고 챙겨주고 저 사람들은 물에 들어오지 못하니 벌어먹고 살아야 하고. 서로 밀어주고. 그런 게 재밌는 거 같아요.

박: 하군도 미역일은 다 하시지요.

장: 미역일이 제일 힘들어. 그거는 남자들이 끄집어내줘야 되는데 미역 그게 무겁거든요. 물에서는 고무옷도 입었고 부력이 있으니까 막 손만

미역 작업도 해녀들의 일이다. 손이 많이 가는 힘든 작업.

이래 하면 따갖고 두룽박에 해가지고 길가로 끄집어 나와가 말리면 되거든요. 그것도 힘이 들어요. 허리가 아파가.

미역귀를 요리하면 얼마나 맛있는데

장: 내가 미역귀를 좋아해요. 그래가 미역귀만 많이 작업을 해요. 미역귀 맛있어요. 그냥 생 걸로 고추장 찍어먹어도 되고 기름에 탁탁 튀기거든요. 설탕 뿌려서 먹으면 부각처럼. 아니면 물에 살짝 헹가가, 너무 오래 헹궈서 퍼지면 또 진이 나거든. 그래 살짝 헹가가 채반에 찌면 진이 안 나. 그걸 끄집어내서 간장, 참기름, 땡초좀 다져넣고 하면 맛있어.

배석한 사진작가: 장무해 언니는 미역 말리는 것도 특이하다. 발에 안 말리고 빨랫줄에 말린다. 한 번 널고 마르면 뒤집어 널고.

장: 발에 하면 허리 아파가 빨랫줄에 너는 거지. 그리고 줄에 말리면 미역이 양이 많이 나와요. 그걸 어떻게 알았나, 시집왔는데 그때는 어촌계 가입한 사람들이 공동으로 미역작업을 했어요. 그걸 다 만들어서 갖고 가던가 아니면 다래가지고(달아서) 농가 가는데(나눠갖는데), 시어머니가 나한테 그래요, 야야 바닷가에 미역이 많이 나왔단다, 가보니 막 파도에 밀려오는 빽빽한 미역이 싱싱한 게 좋거든. 그걸 갖다가 쓰긴 했어요. 그때는 뭘 잘 몰랐지. 미역을 배와야 되겠다. 남들처럼 하겠다 생각을 했지, 그래서 머릿수건을 쓰고 품 한 몫 하러 갔지. 가만 보이 할마이들 미역

일하는 거 보고 잘 따라했지, 어촌계장이 합격이라고 하더라고. 잘 못하는 아지매들은 집에 가라 하고. 그때 가만 보이 어떤 할마이는 뒷빵 치는 거야. 미역 좋은 거 따로 챙기더라고(웃음).

한번은 미역을 다 붙였는데(작업해서 말려서 상품 만드는 일) 시어른이 "야야 구룡포에 미역 팔러 가자"고 하세요. 새아기를 데리고 가시는 거지. 어른이 가자니까 갔지. 미역이 많지도 않았어. 미역은 열 올이 한 단이거든. 우리 시어른이 작각을 잘했어요. (미역은 무게로 다는 게 아니라 묶음의 부피로 보기 때문에) 작각이 중요해요. (작각은 미역을 보기 좋게 솜씨 있게 묶는 일이다) 미역주들이 시어른 작각 잘한다고 좋아했죠. 그때 미역은 새끼줄로 묶어요. 그래 미역 가지고 구룡포 장날에 갔는데 시어른은 어디 가시고 나보고 팔라고 하시는 거야. 아이고 새댁이 사란 소리는 못하고 가만있으이까 옆에 할매들이 "이 사람 새댁아 사라꼬 얘기를 해야지(호객을 해야지)."그래도 소리가 안 나와. 시어른이 오시더니 팔았냐고 해서 못 팔았다 하니 별말씀 없이 "고만 가자"고. 고다음부터는 팔러 가자 소리를 안 하시더라고(웃음).

장날에서는 여기서 버스를 타고 가는데 마을마다 다 서고 그때마다 짐 싣고 하니까 구룡포 장까지 한참 걸려요. 40분 이상. 비포장이야. 덜컹거리는 거지. 고생했어요 그때는.

박: 미역국 맛있게 끓이는 법은 뭡니까.

장: 들깨 같은 거는 안 넣고, 쌀뜨물로 해서 다글다글 집간장에 참기름 소고기 해서 볶아가지고 그래 끓여요. 더 옛날에는 미역 씻어갖고 쌀뜨

물에 미원 그때는 많이 넣었잖아요, 메르치 굵은 거 넣어가 부글부글 끓이가 먹었지.

동해 미역은 오래 끓여야 맛이 우러나온다

이 지역 미역은 맛있기로 유명한데 오래 끓여야 맛있다. 부드러운 미역이 아니어서 충분히 찬물에 빨아서 오래 끓이는 게 비결이다. 이 지역

떼어낸 별미 미역귀가 마르고 있다.

진저리, 청각 등 해조는 해녀들이 즐겨 요리하는 재료다.
팔고 먹고 평생을 같이 해온 바다의 먹을거리다.

미역은 무엇보다 같은 곳에서 나는 성게알이랑 끓이면 꿀맛이다. 한번 같이 사서 끓여보시기 바란다.

장: 여기는 큰일 치면 밥식해해요. 설 추석 때도 하고. 횟데기 생선으로도 하고 노랑게이라고 침이 자잘하게 나온 작은 고기, 그것도 하고 고둥도 하고 오징어로도 하고 해산물 고기는 다 되요. 횟데기 고기를 어떤 사람은 껍질을 벳긴다 하는데 우리는 껍질을 안 벳기거든요. 포를 떠가 얼간(가볍게 소금을 치는 것)을 살짝 해요. 하루쯤 놔둬요. 뒷날 쫑쫑 썰어가지고 물에 헹가가 두고 무 채 썰어서 소금 넣고 치대서 물 나오게 해서 짜두고, 밥을 하는 거예요. 쌀밥을 오둘오둘하게 해요. 강원도에선 조밥으로 하대? 근데 여기는 쌀이 잘 안나오는데도 쌀로 해. 먼저 고기하고 무하고 덜덜덜 섞어서 질금가리(엿기름)를 섞가 놔요. 놔두면 삭아요. 양념을 따로 해서 넣는데 고추가리, 생강, 마늘을 한 스푼씩 넣는다고. 밥식해는 양념이 두 배로 드가. 김치할 때보다 두 배. 맹물을 훌훌하게 넣어가 숟가락이 돌아갈 정도로 (농도를) 해서 소금간을 약하게 해서 간 맞추고. 나중에 설탕을 조금 넣기도 하고. 식성따라. 방부제 역할도 하는 거지. 그런 식으로 해서 꼿꼿 눌러둬요. 겨울 같으면 한 일 주일쯤 있어야 삭고, 삭아도 금방 먹으면 깊은 맛이 없어요. 약간 새콤한 맛이 나면은 냉장고에 들어가 한 이삼일 더 숙성이 되면 더 맛있어.

19소 1892

최초의 해남으로 자부심과 열정을

손명수 해남·최귀자 해녀

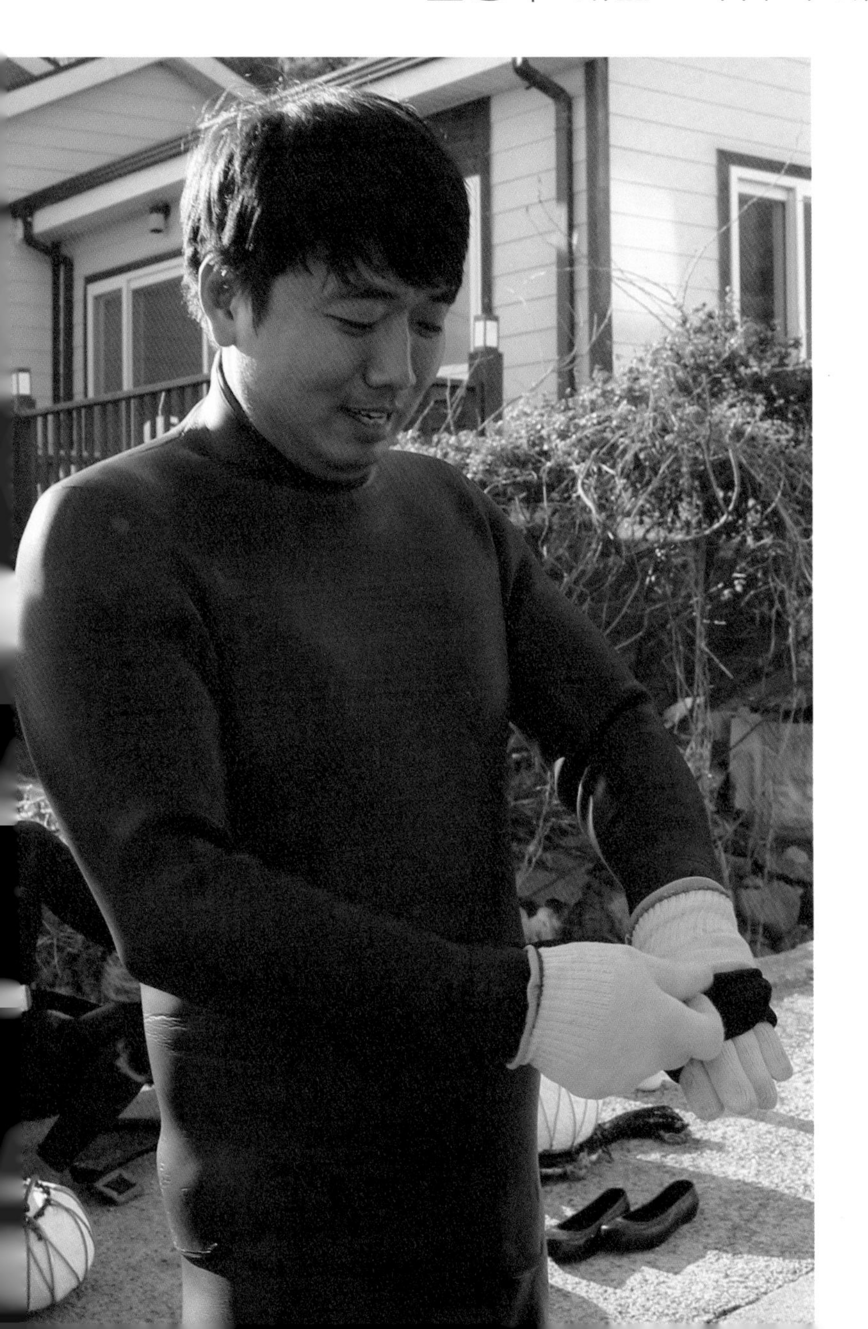

최초의 해남으로 자부심과 열정을

손명수 해남, 최귀자 해녀

어머니 최귀자 해녀, 손명수 해남, 친누나. (왼쪽부터)

구룡포 어촌계에서 최초로 '해남'이 등장했다. 해녀는 성별을 전제로 하지만 동시에 바다 물질하는 사람이란 보통 명사의 의미도 있다. 전통적으로 수면 아래 자맥질해서 일하는 건 여자들의 영역이기 때문이다. 물론 과거에도 자연 호흡으로 하는 해남은 있었다. 지금은 아주 드물다.

자맥질만을 의미하면 해남은 많다. 스쿠버하는 머구리가 해남일 것이다. 그러나 인간의 고유 호흡으로 하는 건 어폐가 있지만 '남자 해녀'라고 부를 수도 있다. 청년 해남 1호 손명수(36)씨를 만났다. 그는 어머니, 이모, 누나와 함께 해녀 일가를 이룬다. 원래 수협 공채 출신의 '잘 나가는' 청년이었던 그는 해녀, 아니 해남 일을 시작해서 벌써 작업일수 30회를 넘겼다.(2022. 8월 기준) 어머니 최귀자 해녀도 자리를 함께 했다.

박: 작업 벌써 많이 나가셨죠. 구룡포 해녀는 작업이 많기로 유명하죠. 앞바다 말고 타 지역도 많이 가니까 말이지요.

경매사 시절의 손 해남.

손: 네. 전국에서 제일 많이 한다고 해요. 1년 내내. 날만 좋으면 해요.

최: 아들이 폐활량이 좋아요. 프리 다이빙도 하고 그러니까.

박: 해남 일을 시작하신 계기가 뭐예요. 잘 다니던 수협을 그만두고.

손: 수산물 유통업을 했어요. 해녀들이 물건을 해도 판로가 좋지 않으니까. 루트가 별로 없잖아요. 그러다가 직접 작업도 해보자, 그렇게 시작했어요.

누나도 최연소 젊은 해녀

손씨의 친누나는 이미 1년 이상 해녀를 하고 있다. 가족이 모두 해녀, 해남이 된 것이다. 손씨는 수협에 공채로 들어가서 경매 업무도 보고, 은행 업무도 보았다. 그게 썩 적성에 맞는 것 같지 않아서 그만두었다. 지금 해남 일에 만족한다.

박: 그래도 월급도 좋고 그런 좋은 직장을 그만두기 쉽지 않았을 텐데요.

손: 솔직히 말씀드리면 경매사라는 게 화를 내고 안 좋은 말을 하게 돼요. 외부에서 보면 갑의 위치잖아요. 경매에 들어온 중매인들이 룰을 안 지키는 분들이 더러 있어요. 그럼 좀 세게 나가야 돼요. 경매사는 무서운 사람 역을 하는 거죠. 좋게 말하면 말을 안 들으시는 분들이 있어요. 그게 제 성격에 안 맞았어요. 전국에 경매사는 몇 명 안 됩니다. 희소하니까 월급도 좋고. 그런데도 그만둔 게 아무 미련없어요. 지금 일이 좋아요.

최: 해남한다고 해서 억수로 반대를 했지.

손: 안개이 까고 그런 거 힘든 거 다 했어요. 저도. 엄마 도와서.

최: 여기 구룡포도 원래는 해녀가 없었어요. 제주도 해녀들이 오셔서 퍼지게 됐고. 우리는 여기 토박이에요.

손: 엄마가 한 45년 됐어요. 올해 예순넷이신데 처녀 때부터 해

손명수 해남의 어머니인 최귀자 해녀가 문어를 잡아올렸다.

서 오래 하신 거죠. 엄마가 물질하면 따라 가고. 전 그냥 해녀 아들이었어요. 당연히 그런 건 줄 알았고.

최: 아들은 수영하러 가면 숟가락 들고 가서 전복 따오고 그랬어요. 대여섯 살 때. 그때는 애기라 불법인 줄 몰랐죠. (웃음).

박: 그 나이에 이미 해남이었네. (일동 웃음)

손: 다이버를 해보고 싶었어요. 실제로 하고. 그러다가 수협 붙어서 몇 년 다니게 되면서 다이버 꿈을 접었죠.

박: 다이버라면 산업적 전문 다이버?

손: 프로 다이버. 고기 잡는 건 아니고. 바닷속 일을 하는 산업 다이버죠.

프로 다이버로 큰돈을 벌 수 있는데도 해남으로

프로 산업 다이버는 대우도 좋고 돈도 많이 버는 특수직종이다. 아마도 수협에 합격하지 않았다면 지금 산업 다이버를 하고 있을지도 모르겠다. 손씨는 폐활량이 크고, 보기에도 딱 잠수사, 다이버의 외모를 가졌다. 유연한 몸, 넉넉한 체구가 전형적이다. 옛날에 국가대표 출신의 전설적인 수영 선수 조오련 씨가 한일해협을 건널 때 만들었던 넉넉한 몸을 떠올리면 될 것 같다. 손씨는 응급구조사 자격증도 갖고 있다. 기막히게도 그 기술로 해녀 한 분을 살려냈다.

손: 할머니 해녀가 심정지가 오신 거예요. 물에 들어갔다 거의 나온 상태였는데 그때 물이 차가운데 해는 뜨거웠거든요. 온도 차 때문인지 갑자기 심정지가 와서 쓰러지신 거예요. 심장 관련 지병은 없으신 걸로 알아요. 가라앉아 계신 걸 건진 거예요. 위험했죠. 이미 숨을 안 쉬시고 입술

이 펴래요. 아 큰일났다. 사람한테 실제 구조를 실시한 건 처음이에요. 당황하지는 않았고 고무옷 찢고 119에 전화해서 통화하면서 구조 들어갔어요. 인공호흡 하고. 119 구조팀이 올 때 되니깐 호흡이 돌아오시더라고.

최: 이번에 바다에 작업하는데 오셨더라고. 니 덕에 살았다고, 고맙다고. 멀쩡하게 오셨어요. 팔십 셋인 노인이에요.

박: 해녀 일이 위험하네요.

최: 심장마비도 오고 그래요. 자기 닻줄에 걸리기도 하고, 돌에 발이 끼이기도 하고. 조류가 흘러가니까 위험해요.

손: 저도 해보니깐 발이 걸려요. 자기가 닻줄 놓은 게 조류에 흘러가다 발에 걸려요. 막 감겨요. 나는 힘으로 빼면 되는데, 나이 드신 해녀들은 위험하겠다 싶어요.

박: 그런 위험에 대비하여 가위나 칼을 갖고 가면 안되나요.

최: 몸에 걸리적거리니까 잘 안하게 돼요. 아들한테 당부하는 게 그물(폐그물 포함) 근처에 가지 마라. 다리 걸리면 큰일난다. 닻줄 놀 때도 그물 잘 봐라. 파도 칠 때는 바윗돌 근처에 가지 마라(파도에 바위에 부딪힐 수 있다). 방파제도 가지 말라. 삼발이 사이에 나바리가 걸리거든요. 아주 위험합니다.

손: 작업 나가면 이제 전 좀 답답합니다. 깊은 데 가야하는데 낮은 데로 공동작업 가니까.

최: 얘는 깊은 데도 잘 가요. 아직은 배우느라 나랑 재 누나랑 다니기는 하지만.

손: 깊이로는 꽤 해요. 십 미터 이상 합니다.

박: 잠수 실력으로는 상군이네요?

최: 여기 잘하는 해녀가 같이 가서 보니까 얘가 더 숨이 길더래. 남자고, 잠수도 해봤고 하니까.

손: 2022년 7월에 처음 했어요. 성게, 전복 했네요. 응급구조사 자격증 딴 것도 해녀들 안전 지켜드리려고 했어요. 누나랑 같이.

박: 작업 하는 소감은 어때요.

이십 미터까지 깊은 바다를 공략하다

손: 깊이는 가는데 내가 잘 못 잡아요. 엄마는 얕은 데 가는데도 아주 잘 잡아요. 어디 있는지 잘 알아요. 그게 노하운데 그게 어렵죠. 깊은 데 가면 차라리 잘 할 수 있을 거 같아요. 실제 깊은 데 가는 이모 따라 가서 많이 잡았어요.

최: 항상 숨을 남겨두고 작업 중단 하고 올라와라, 당부하죠.

박: 최고 몇 미터 가세요.

손: 요번에 이십 미터 해봤어요. 프리 다이빙으로는.

최: 물건 잡으러 가는 해녀 일은 다르다.

손: 이십 미터 가면 귀 압력도 다르고 어렵습니다.

박: 난청도 오죠?

손: 조금만 해도 귀에 오는 거 같아요.

최: 약 쓰죠. 게보린 먹고. 진통제 먹고. 임시변통입니다.

해녀는 결국 먹고 사는 일이다. 최근 수입이 예년 같지 않다. 해녀들이 공통으로 느끼는 어려움이다.

최: 가을, 겨울부터 2,3월까지 수입이 없어요. 성게나 뭐 해서 돈이 좀 생기는 거 같아도 일 못할 때가 많아서. 4월에 미역 시작하면 돈이 좀 생기는데 또 미역도 뒷일이 많아서 그리 알찬 게 없어요. 성게가 나은데 그것도 뒷작업이 좀 힘드나요.

박: 누나랑 두 분이 해녀가 되었는데 그래봤자 두 분이고, 해녀들은 나이가 많습니다. 새로운 세대로 이어지겠나요?

손: 저희도 9월부터 해녀학교 가요. 이곳도 생겨요. 그럼 젊은 사람들이 오지 않을까 기대도 해요. 일단 우리가 잘해서 자리를 잡아놓고 새로운 분들이 오면 할 수 있게 해야 하지 않을까.

손씨는 이미 해녀, 나잠업 등에 대해 상당히 해박했다. 수협 직원에 경매사, 더구나 해녀의 아들도 삼십 년을 넘게 살았으니까. 그래서 해루질과 공유 수면, 해상공원 지정 등 많은 이슈들에 상당한 자기 견해가 있었다. 무엇보다 해녀 일로 먹고살 수 있는가 하는 점에 대한 그의 생각이 제일 궁금했다.

손: 네. 먹고살 수 있다고 생각해요. 지금 문제는 있죠. 유통이 좀 안 좋아요. 해녀들 물건이 판로가 제때 척척 못 팔던데. 이거는 선도가 중요한데 거의 반대로 하세요.

해녀문화에 대해 정부가 보존하고, 지켜주고 하려는 게 있어서 앞으로 해녀가 먹고살 수 있을 거예요. 해녀 일로만은 충분한 수입이 안되겠지

만 관광사업 같은 거도 있을 거고요. 돈을 많이 못 벌어도 또 여기 사는 사람이니까 지켜야죠. 저처럼 혼자 사는 사람이면 해녀 일도 괜찮아요. 누나처럼 가족 있고 그러면 어려워요. 프로 다이버가 훨씬 많이 벌죠. 제가 혼자 살 생각하니까 해남하겠다고 결심한 거죠. (웃음)

손씨와 오래 얘기를 나눴다. 해녀의 미래, 수산물 가공에 대한 아이디어 등 무궁무진한 화제가 이어졌다. 그는 해남으로서, 그리고 구룡포의 아들로 큰일을 할 사람으로 보였다. 든든한 청년이 있어 구룡포가 좋겠다는 믿음이 들었다.

생계를 하다보니 인생도 걸게 되는 게 물질

최경숙 · 김연이 해녀

생계를 하다보니 인생도 걸게 되는 게 물질

최경숙 · 김연이 해녀

최경숙 해녀

김연이 해녀

구만리 해녀들이 여름 작업을 하고 온 날이었다. 해녀들은 보통 아침에 작업을 시작하고 점심 무렵 지나 마친다. 멀리 원정을 하면 돌아오는 시간이 많이 걸린다. 가까운 어장에 나가면 점심 무렵에 돌아와서 씻고 간단히 요기한다. 이 즈음, 해녀를 만나면 취재팀도 힘들다. 해녀들이 너무도 지쳐 보이기 때문이다. 구만리 최경숙(68) · 김연이(69) 해녀를 인터뷰했다.

박: 오늘 많이 힘들어 보이십니다.

최: 성게 잡고 또 멍게 있어서, 많이 있어서 잡느라고, 힘들었어요. 멍게는 먹고 주변에도 나누고, 성게는 작은 거 잡아서 내년에 키워 잡을라고 이식작업 했어요.

최: 우리 구만리 바다 안 가면 장내에 다녀요. 장내 간 지 한 삼십 년

되지. 요새는 해녀가 없어서 일곱 명 갔다. 상군들만 가지. 장내는 해녀가 없어서 우리가 대신 가서 작업한다. 요새 성긔가 없어져가 저 바다에서 잡아가 풀 있는 데다 풀어놔야 생긴다. 오일 째 작업하고 있다. 돈을 많이 벌었는데 내년에도 좀 많이 벌리잖아. 그러니까 우리가 우리 스스로가 잡으러 다닌다. 이익 배분은 옛날엔 우리한테 4부밖에 안 줬는데, 이제는 6,7부 준다. 까는 사람을 데려가야 하니, 까는 삯이 비싸서 올랐다. 까서 납품을 해야 하니까 까는 사람들 별도로 데려간다. 그러니 시간도 많이 들고, 힘도 들고, 남는 것도 없다. 참도 주고, 삯도 주고.

2리 어촌계

우리가 잡으면 바로 작업인한테 그때그때 준다. 동시작업이지. 까는 게 더 힘들거든. 까는 사람을 못 구해요. 안 갈라카거든. 힘들고 사람도 없어.

내가 뭐 잡아가 와도 그 사람들이 깨고 까주고 해야 같이 하지 내 혼자만은 못해. 이제 전복 같은 거 고둥 같은 거 해삼하고 이런 거는 우리가 혼자 할 수 있지만 또 이거 성게는 공동작업이라.

박: 말똥성게와 보라성게 작업이 다르죠.

최: 말똥성게는 하는 날짜가 얼마 안 돼. 힘도 안 들어. 보라성게는 삐죽삐죽하고 많이 잡아 오니까 힘들어. 까기도 힘들고, 또 여름작업이라 더워서 힘들고. 그래도 까는 가격은 똑같아. 6만원이 삯이야. 보라성게(운단)는 힘들어도 키로수는 빨리 나와. 크니까, 앙장구(말똥성게)는 작아서 한 통 채울려면 힘들어요. 또.

박: 세상은 공짜가 없어요.

최: 공짜가 없고 성긔 깔 적에 와가지고 봤으면 말도 못해. 그 사람들 한번 봐라 쪼그리 앉아가지고 오래 앉아서. 우리도 많이 벌었지만 또 그 사람들 인건비가 그래 500만원 나갔다.

해조 뜯으면서 물질을 하게 되더라고

김: 원래 해녀는 아니었고, 성게 상자에 놓는 거, 그걸로 시작했어요. 여기 친구들 보니까 무래(물애. 물질)를 다니면서 돈을 많이 벌길래 나도 시작했지. 꾸뚜바리 같은 거, 미역 같은 거 해조부터 했지. 살살 하다가 보니 성게 조금씩 하면서 시작했지. 나는 물에 드가면 자꾸 멀미를 하더라고. 성영숙이(동료 해녀)가 나를 가르쳤지. '형님아, 자꾸 가면 된다, 가자' 고 해서 갔지. 그때 서른 넘었어요. 애가 있으니까 데리고 가서 바닷가에 두고 꾸뚜바리 뜯는다꼬 나갔지, 그때 도시락이라고 납딱보리쌀 놓고 밥을 해가. 아들은 (바닷가에서 노니까) 얼굴이 새까맣게 변하고, 남편이 구룡포에서 오징어잡이 배를 탔는데, 갔다 오니까 "아고 어른이고 새카매가 뭐하는 거냐"고 하더라고. (웃음)

그렇게 물질을 배웠다. 꾸뚜바리는 초보자도 뜯기 쉬운 해조로 도박처럼 풀을 쒀서 쓴다. 상인들이 사갔다.

김: 바닷가에 가갖고 보니 일류 해녀들이 일하는데 우린 엄두도 못 냈어. 토하고 멀미하고, 꾸뚜바리나 뜯어서 가는 게 고작이고, 집에 가면 피곤해서 아고나고 다 녹초가 돼서. 그래도 그 이튿날 또 가는 거야. 신랑한테는 혼이 나도. 오징어바리(잡이) 가면 남자들은 한 50일씩 가거든. 먼 바다로 가서 그때 돈으로 한 백이삼십만원 벌어와요. 오징어바리가 위험하잖아요. 나는 도시 나가 직장생활하다가 집에 와서 어부 남자를 만난 거지. 우연히(웃음). 파도가 치면 멀미가 심해요.

박: 물질은 그래서 잘 배우셨어요.

김: 남편이 살아 있을 때는 제대로 못했어. 조금씩 성영숙이랑 자꾸 배우니까 조금씩 늘어서 재미있었어요. 성영숙은 어릴 때부터 바다 가서 놀고 그래서 잘했어요.

박: 그래도 상군이 되셨네요.

김: 그러게, 다들 일류인데 나는 사람이 없으니까 상군 대우 받는 거지. 일을 늘고 해서 강원도도 다니고 다 하지. 인자는 성게도 하고 전복도 따고 다 합니다. 내가 예순아홉 살입니다.

박: 요새는 원정 물질도 많이 다니시죠?

김: 나는 울릉도도 가고 강원도 주문진도 가고 막 다닌다. 팔도강산을. 그쪽에는 해녀가 없거나 적어. 우리가 원정 가야 하지. 우리 셋이 가요. 최경숙, 성영숙이랑 나. 딱 셋이. 울릉도 미역 일 가면 하루 오십만원 주는데 일이 아주 힘들어요, 새벽 네 시에 일어나 배 타고 삼십 분 가요. 울릉도라도 제 바다에서 안 해. 꽤 멀리 가요. 미역 돌 사놨는데 가서 미역 작업 하는 거예요.

아침에 다섯 시에 작업 시작해서 한 세 시쯤 끝나요. 열 시 되면 우유 하나 던져 주거든. 그거 물에서 안경 이래~ 끼고 받아먹고 열두 시 되면 밥 주고 그거 먹고 일해요. 다시 미역을 하게 될 것 같으면은 점심이 12시 되도 점심 먹을 시간이 없으니 선장이 그래, 하루 점심 값 만원 줄 테니 점심 먹지 말고 일하고 대신 한 시에 마칩시다, 그래서 그러자고. 그런데 열두 시 되면 또 우유 하나 줘, 빵은 줘도 목이 멕혀가 물속에서 먹기가 힘들어요. 어쩔 때는 백도 통조림 먹기도 하고.

빵을 먹다가 목이 막히면 통조림도 먹고

해녀의 작업량은 엄청나다. 특히 미역 일은 힘으로 하는 거라 에너지 소모가 많다. 더구나 바다 속으로 가서 배 작업 하면 떠 있어야 하므로 두 배로 힘이 든다. 배가 고프다. 우유나 열량이 높은 과일 통조림이 요긴하다.

김: 미역은 따닥따닥 붙어가지고 울릉도에 아주 많이 있어. 작업하는 해녀가 많지는 않아. 우리가 하고, 더러 일이 많으면 두세 사람 더 들어와

요. 해마다 들어가요. 전화번호가 있으니까 선장이 매년 불러요.

박: 울릉도 미역은 맛있어요?

김: 맛있어요. 기계로 말라서 맛있어요.

동해안의 미역은 오랫동안 자연적으로 마을 공터나 작업장에서 말렸다. 이런 것도 좋긴 한데 일기의 영향을 받는다. 해가 안 뜨거나 비가 오고나 하면 낭패다. 그래서 기계로 말리는 경우 고르고 맛이 더 좋다고도 한다. 우리 예상과 다르다. 자연건조만 하면 더 맛있을 것 같은데 말이다. 울릉도 미역은 돌을 안 맨다. 미역이 좋아서 안 매도 잘 자란다고 한다. 미역 돌 매는 걸 '짬(돌) 맨다'고도 하고 '기세작업'이라고 부르기도 한다. 돌을 깨끗하게 닦으면 미역 포자가 잘 붙어서 잘 자란다는 논리다.

김: 강원도 가니까 거긴 또 아주 돌을 아주 깨끗하게 예쁘게 매요. 지방마다 다 달라요. 거긴 미역 돌을 안 매면 천지차이가 난다고 해요. 잘 맨 돌에 자란 미역은 아주 부드럽다고 합니다.

박: 강원도에서 돌 매는 작업은 어떻게 합니까.

김: 물속에서 호미 매듯이 그래 해요. 돌 맬 때는 이끼 이런 거 다 떨구고. 하얗게 예쁘게 매요. 돌을 매든 수확을 하든 강원도는 한 열흘 있고, 울릉도는 두 달 간다. 두 달 가도 이번에도 이십사 일 했다. 일한 날만 돈

을 받는 거라. 준비작업 하느라 날짜 가고 날 궂으면 또 못하고. 샛바람 불고 갈바람 불었다 하면 날씨가 안 맞아 못해.

박: 일 하고 마치면 탈진 안 합니까.

김: 그 정도는 아니에요. 물속에서 몸을 쓰면 몸이 막 착 퍼지고 하지만 탈진은 안 해요. 힘들어 보이면 사장이 소고기, 돼지고기 끊어가 볶아 잡수라고 주시고 그래요. 좋은 사람들이야. 우리도 그러면 더 열심히 하고.

박: 미담이네요.

김: 우리가 보답할 게 뭐 있노, 일 열심히 해주는 거지.

박: 미역하실 때도 나바리 차고 하세요.

김: 다 해야지. 미역 해도 어느 정도 바다에 들어가야 하니까. 나바리를 하면 물 밑에 내려가 갖고 풍덩풍덩 자물어야 하지 구부리고 하면 나바리 때문에 허리 아파 힘들어서 못해요. 나바리는 물에 드갈 때 하는 거지.

물질을 앞으로 오래 해야 하는데

최: 강원도 주문진 가서 성게 하면은 싹 달아주면 1킬로에 3천 원씩 해가지고 100킬로 잡아가 30만 원 벌어가 놓고 까는데 1kg에 만원 준다고 하면 목욕비 한다고 친구들과 같이 어울려 5킬로 6킬로 까면 또 한 십 몇만원 벌어서 오고 하지.

박: 이제 다들 연세 드는데 누가 앞으로 할까요.

김: 원년자 언니(같은 마을 해녀) 같으면 아직 십 몇 년 더 할 수 있지만(웃음). 나도 이거 뭐꼬 다리만 안 다쳤으면은, 바닷가에서 청어 작업 하러 갔다가 배에 부딪쳤어요.

박: 과메기용 청어 작업 말이지요?

김: 여기다 쇠를 박아서 수술했어요. 그래서 무래(물질)를 이제 못할 줄 알았거든. 근데 하니까 괜찮더라고. 2년간 목발 하고 일을 못했어요. 기독병원 6층에서 아래 길에 다니는 사람 보고, 다시 걸을 수나 있으면 좋겠다 했어요. 엄마한테 받은 몸을 잘 간수해야 하는데 미안하죠.

박: 처음에 물질 배우신 건 어떻게 하신 거예요.

최: 쪼매 천초고 뜯다가 엿바까먹고 그랬지. 엄마는 나가지 말고 얼라 보라고 그랬어요. 동생이 많았거든. 그래가 또 그게 싫어가 물에 갔지. 국민학교부터 물에는 갔지만 열아홉 살부터 시작했다고 봐야지.

박: 그때 구만리 바다에는 뭐가 많았어요.

최: 천초에다가 전복도 많았어요. 헐했어. 막 주웠다니까, 전복을. 그때 이 동네는 횟집도 없고. 포항에 내다 팔려고 해도 멀고. 버스가 비포장도로로 댕기고, 대보로 해서 몇 번을 갈아타고 다녔으니까. 그래가 잡아도 크게 가치가 없었어요. 그만큼 흔했어. 집에서 먹고 그랬어요. 그때는 전복이 귀하고 영양가 있다는 것도 잘 모르고. (일동 웃음)

그때는 생것도 잘 안 먹었어요. 전복을 죽이나 해먹고 고동 잡아도 죽 해먹고 반찬 하고. 성긔는 까다가 반찬 해 먹고.

김연이 해녀가 울릉도 원정을 다니던 얘기는 앞서 했는데, 아주 고된 만큼 벌이가 좋다는 화제가 다시 이어졌다. 일당 50만원에는 이유가 있다. 조금 더 들어보자.

김: 50만을 받는데. 돈 받는 만큼만 (몸 사리며 천천히) 해야지, 이게 안 돼요. 그게 전부가 아니야. 선장, 기관장 사서 배 띄워야지, 그게 또 돈이 들어. 그 양반들도 비싸. 해녀 작업을 셋이서 하는데 (지원하는) 사람이 열 몇 이야. 뭍에서 말루코 또 작업하고 그런 분들. 그러니 빨리 많이 해줘야 돼. 일당 50만원이 그래 힘들다. 내만 생각하면 천천히 할 수 있는 데 하루 여러 사람 작업비가(화주 입장에서) 5백만원 이상 드가. 그 사람 생각 안 해줄 수가 있나. 내가 이번에 좀 벌어왔지만 이런 것도 처음이야. 그전에는 150, 300만원 이렇게밖에 못 벌었어. 날씨가 나빠가 작업 마이 몬하고.

최경숙 해녀

울릉도 미역 작업을 얘기하다보니, 구만리 미역 얘기도 나왔다. 취재 기간 다닌 지역은 모두 자기 바다 미역이 최고라고 한다. 실제로 여러 의견을 들어보면 고루 미역의 품질이 좋다. 구만리 사람들은 지형적인 이유

로 구만리 미역이 아주 좋다고 한다. 삐죽하게 바다로 지형이 돌출되어 있고, 바다 양쪽으로 바람이 맞불어서 미역이며 해산물이 품질이 더 좋다고 한다.

최: 아무개가 여기 홍합 따가지고 칼국수를 했는데 다섯 개만 넣어도 국물이 진하다고. 다른 먼 데 홍합 넣었더니 맛이 안 난다고 해. 뭐 그래도 여기 홍합(열합)이 이제 잘 안 난다.

최씨는 옛날에 판매하기 위한 우뭇가사리(천초) 작업의 고됨을 설명한다.

최: 몇 번씩 맹물에 씻고 햇볕에 말루고 또 씻고 반복하면 좀 하얘지거든요. 그러면 이제 솥에다가 물 붓고 삶아가 만들어요. 그리 고된 일이라.

마침 멍게철이다. 자연산이나 양식이나 철이 비슷하다. 향이 좋다. 잡은 멍게를 몇 점 얻어먹으며 인터뷰를 마쳤다.

해녀는 은퇴가 없다

오수연 해녀

해녀는 은퇴가 없다

오수연 해녀

오수연(85) 해녀는 대보1리의 최연장자 축에 든다. 아직도 바다에 나간다. 힘닿는 날까지 일을 하고 싶다고 한다. 건강해 보였고, 바다에서 한평생을 보낸 한 시대의 인간을 만나는 경외감을 갖고 만났다. 어촌계장 부인인 이말년 해녀가 동행했다.

오: 약이 한 보따리예요. 아홉 가지다. 파도가 자면 가고 싶다. 바다에. 미역하고 베고 하고 싶다. 올해도 스물다섯 단 했다.(열 올이 한 단. 총 이백오십 올. 미역 한 개를 올이라고 한다.)

박: 미역 말고는 하세요?

오: (다른 해녀들이 작업에) 붙여줘야 하지. (일동 웃음)

오: 말똥도 하고 할 수 있는 건 다 한다.

박: 고향이 어디세요.

오: 대보1동이다. 여기서 났다. 이 동네서 태어나 이곳에서 결혼해가 이 동네서 이리 산다. 남편도 이 동네 사람이지. (남편도 건재하다. 올해 여든여덟 살이다)

(가족사진 보며) 딸 너이 아들 하나 낳았다.

박: 해녀 일은 언제 시작하셨어요.

오: 처자 때, 아 때 자무질 하다가 천초 뜯으러 구만까지도 가고 그랬어요. 아 때도. 나는 여기 본토배기다. 내가 최고령이다.

박: 몇 살이었어요.

오: 열다섯 살, 열 네 살 때 했지. 그때 학교 안 다니는 사람 억수로 많았니더. 그때 가난하니까 어른들은 공부하지 마고 삼베(만드는 길쌈) 하라고 그랬니더. 학교는 무슨 학교.

박: 초등학교도 안 갔다는 말씀이죠.

오: 그렇지요. 난 책보 싸서 다녔어요. 학교.

공부하고 싶어 공민학교를 다니던 해녀

그 당시 다 그랬지만 자식 학교 시킬 여유가 없었다. 여성 차별은 물론 더 심했다. 초등학교도 변변히 나온 사람이 적을 때였는데, 해녀는 악착같이 다녔다. 중학교는 보내주지 않아서 자기 힘으로 다녔다고 한다.

오: 저 대보 2리. 거기 고등공민학교가 있었어요. 거 다녔니더. 삼년을. 물질을 하면서 다녔어요. 고디 잡고 반찬거리 해오고. 소중이 입고 했지, 장갑도 없어가 맨손에. 추워도 그냥. 고무옷이 있나 뭐.

박: 집에 밭은 있었어요.

오: 밭좀 있어도 뭐. 결혼해가 별짓을 다해서 먹고 살았니더. 삼천오백원 받고 밭일 품도 팔고. 그래 벌어가 아들 신 사서 신기고.

박: 그때 물질 잘 하셨어요?

오: 소중이 입고 하는데 뭐 잘했겠나. 그것도 만들어 입었다. (재봉)틀 있는 집에 가가 박아가 (만들어) 입었다. 추워가 마이 못한다. 겨울에는 추워서 물에 못드간다.

주로 천초, 미역 등 해조 작업을 많이 했다. 당시엔 전복, 해삼 등의 해물보다는 해조가 주력이었던 듯하다. 고무옷이 나오고, 본격적으로 장

시간 작업이 가능해지면서 전복 등의 해산물 작업이 늘어났다는 것이 오래된 해녀들의 공통된 증언이다. 특히 제주 해녀가 유입되면서 전복 같은 해산물 작업이 본격화된 듯하다. 그 전에는 해녀 숫자도 열다섯, 열여섯 정도로 적었다고 말한다. 물에 들어가려는 생각을 별로 안했고-해녀에 대한 인식이 없었다-밭일 중심으로 일을 하려고 했다. 물질을 천하게 보는 시각도 존재했다. 제주 해녀가 오면서 숫자가 크게 늘어났다고 봐야 할 듯하다.

남편과 바다에 나가 오징어 만선도 하고

오: 천초 같은 거 해노면 사러 사람들이 왔다. (도매상, 수집상들이 마을마다 다녔다)

박: 얼마나 하셨어요.

오: 그때 어촌계장이 있어가 얼마나 했는지는 내는 모르겠다. 어떤 때는 멀리 팔러 다녔다. 죽은 내 친구랑. 가다가 쏟고. 아이고 참.

박: 그러다가 제주도 해녀들이 많이 오셨다는 거죠.

오: 그렇지, 일 잘한다.(뼈가 다르다고 주변 사람들이 말함)

박: 언제쯤 어머니는 제일 잘 했어요?

오: 나이 오십쯤에 제일 잘했지. 내가 말라 보이는데 일은 잘 했다. 묵기도 마이 묵는데 살이 안 찐다.

박: 아저씨는 그럼 무슨 일 했어요. 배 탔어요?

오: 그렇지. 오징어도 잡고. 짤짤하게 싣고 오고(만선이라는 의미). 엥메레(양미리) 고기도 하고. 남편이랑 바다에 나가서 했다. (해녀 일을 하

면서도) 배 탔다. 해녀 일을 어데 밤에 하나?

오징어는 밤일이므로 나가서 일했다. 집어등 불 켜고 주낙으로 낚았다고 한다. 그만큼 고단하고 힘든 일이었다. 이런 질문을 하고 듣는 필자로서도 아주 힘들고 고통스러운 작업이었다.

박: 작은 배로 가까운 바다 가신 거죠?

오: 네. 가까운 데. 요새는 가까운 데 오징어가 없어. 멀리 나간다. 그때는 배가 작았다. 노 젓는 배도 타고 나가서 작업했다. (열악한 당시 어업 상황을 말한다) 살려고 별 일을 다 했다. 애들 다섯이니. 공부를 시키야지. 애들 대학시켰다. 그때 공납금이 한 팔십만 원 했거든. 말도 몬해. 얼마나 힘들었는지. 딸을 대학 보냈는데 병풍 수업하는데 그걸 모해줘가 지금도 미안하다(실습에 쓰는 (수놓는)병풍을 마련하지 못했다는 말씀 같다).

마침 그 따님에게 전화가 왔다. 반갑게 통화를 했다. 나이를 묻는다. 니가 올해 몇 살이고? 쉰일곱? 그래.

물질로 기른 내 딸이

오: 그 딸이 공부를 잘했다. 초등학교 때 비 오면 리아카에 태와가 갑바 입고 아빠가 앞에서 끌고 내가 뒤에서 말고 그래 학교 가기도 했다. 한

번도 결석 안 하고. 포항여고 나왔다.

해녀 일 얘기 하실 때와 달리 딸 얘기가 나오니 목소리가 커진다. 역시 자식에 대한 어머니의 헌신이다. 물질로 기른 자식이다.

오: 옛날 먹던 거? 보리쌀, 좁쌀 이런 거 먹고. 쌀은 장리쌀(빌려서 갚는 쌀)도 먹고. 그때 미역이 더 귀했어요. 지금보다. 성게는 잘 못 먹었어도 열합(홍합)은 따서 먹었지. 여기 물이 좋아서 많이 붙어 있었는데 이제

는 없네. 물질이 그래. 파도가 세지면 어촌계장이 위험하다고 불러내고. 나오지. 홍합은 귀해 요새.

이렇게 인터뷰를 마쳤다. 어른께 다시 오겠노라고 했다. 이 말을 지킬 수 있을까, 하고 돌아나오면서 생각했다.

대보 최연소 해녀로 사는 법

서나현 해녀

대보 최연소 해녀로 사는 법

서나현 해녀

해녀의 맥이 희미해져간다. 많은 직업이 그렇게 사라져가거나 사라질 예정이다. 해녀 역시 신규 유입이 단절되다시피 되었다. 전국 2위의 해녀 보유 지자체인 경상북도도 해녀학교 설립 등으로 희망을 이어가려 하지만 쉽지 않다. 서나현(60) 해녀는 이 지역 출신으로 출향했다가 귀향한 케이스다. 언니들이 해녀와 식당을 병행하고 있어서 그 대열에 합류했다. 해녀는 유전자로 새겨져 있는 일. 어려서부터 엄마로부터 보던 일이라 그리 어렵게 생각되지 않았다. 인터뷰 자리에는 언니 서춘선(66) 씨도 참석했다.

박: 해녀를 왜 하시게 됐어요. 대졸 고학력에 드문 케이스이잖아요.

서나현(이하 현): 우리가 어릴 때는 여기서 놀잖아요. 물장난하고. 고동도 잡고 성게 잡고 우뭇가사리 따고 다 했거든요. 그렇게 하면서 컸으니까 항상 이제 바다에 대한 기본적인 일을 할 줄 아니까.

언니 서춘선(이하 춘): 고무옷이 없었잖아요. 왜냐하면 그냥 옷을 가져 입으니까 물에 가면은 오래 있지도 못해. 물이 찹으니까. 한 삼십분 해가 올라와가. 처음엔 제주 해녀들이 왔어요. 이삼십 명씩 그래 왔어요. 한꺼번에. 방 얻어가지고 일을 시작해요. 제주 해녀들은 좁쌀을 가지고 왔어요. 우린 보리쌀 묵는데. 그게 신기해서 서로 바까 묵었어요. (웃음). 보리가 까끄러우니까 싫어서.

파도치면 청각이 올라와 줍는다

시킨 배달 커피가 왔다. 이 동네는 아직 이 문화가 있다. 손님이 오면 커피를 시킨다. 넉 잔에 1만2천원. 아메리카노다. '옛날식 다방커피' 대신 이제는 어촌도 아메리카노다.

춘: 그렇게 온 해녀들 중에 제주 처녀들이 많았어요. 동네 총각이 꼬시려고 가고 그랬지. (웃음). 연애하려고. 정착해서 그렇게 사는 해녀가 생기고, 일 끝나가 고향 제주 가는 해녀도 있고,

그 시절을 상상해본다. 옛날이라고 해서 소득이 낮으니 행복감이 낮았을 거라는 건 오산이다. 그때가 더 행복했을지도 모른다. 풍족하지는 않았지만 어촌엔 먹을 게 늘 있었다. 춘궁기에도 어촌에 가면 배는 안 곯는다고 했으니까. 게다가 제주 해녀들의 등장은 마을에 활기를 주었을 것이다. 새 사람이란 얼마나 귀한 것일까. 그렇게 해녀 문화가 본격화된다. 이

런 증언은 그래서 아주 귀중하다. 살아 있는 이야기다.

춘: 옛날에 도박도 했어요. 그 도박 말고. 도박이라고 해초(해조). 그걸로 풀 쑤니까. 도박, 천초, 꾸뚜바리 이런 거 초등학생도 땄어요. 그냥 바다 가면 막 올라오고 있으니까. 바다에서 말려서 갖고 있으면 장사가 온다. 저울에 다리가(달아서) 돈을 줘요. 온 동네 사람들이 기본적으로 해녀 일을 하고 있었던 거다.

현: 엿장수들한테 주면 엿 주거든요.

춘: 오백원도 벌고 천원도 벌고 그랬어요. 용돈 쓰는 거지.

현: 물놀이 하고 있다가 추우면 나와서 해조나 고둥 이런 거 잡으면 엿 바꿔 먹고 그랬어요.

춘: 파도 많이 치는 날에는 청각이 올라와요. 바닷가로. 청각이 그때 인기가 많았어요. 비싸게 팔았어요. 추울 때, 파도치면 나가요. 청각 주우러. 요 앞에 바다에. 이 자리(대보리 횟집과 작업장, 어촌계 등이 몰려 있는 넓은 자리)의 상당 부분이 원래 매립지에요. 작업공간도 생기도 좋죠. 근데 이 자리 바닷가에 문어가 올라오고 그랬어요. 잡았죠. 이젠 없어요.

현: 저는 대구 살다 와가지고 횟집을 하기 시작한 거예요. 해녀는 어려서부터 보던 거라 쉽게 다시 하게 됐어요. 생활에 도움도 돼요. 작업을

거의 평일에 하거든요. 주말에는 잘 안 하고. 식당 하는 데 필요한 게 많잖아요. 소라도 필요하고 성게도, 미역도 필요하고. 천초 뜯어와 갖고 묵 만들어서 쓰고. 반찬을 쓸 수도 있고. 그래서 해녀 일이 여러 가지로 생계에 도움이 돼요.

박: 원래 놀던 바다가 일터가 된 거네요.

현: 어릴 때는 그냥 물놀이하고 놀다가 해녀가 되었어요.

박: 대도시서 살면서 공부도 많이 하셨는데, 이제 언니들과 해녀한다는 게 좀 어색하지는 않았어요?

현: 그런 건 없었어요. 나는 물을 좋아하거든요. 바다를 좋아해요. 바다에 가서 작업 하고 잡고 그런 게 좋아요.

박: 바다 자체가 즐거운 일이기도 하구나. 어촌계 막내급이시죠.

현: 아래는 없어요. 한 명도 없어요. 저는 하군이지만. (웃음)

박: 해녀 가입하실 때 심사를 하거나 그런 건 없었겠네요.

현: 예. 어촌계장이 이제 해도 된다. 이러면 해도 돼요.

박: 다른 해녀들의 의사는 안 물어봐요?

현: 옛날에는 다른 해녀 들어오는 걸 싫어했대요. 시장을 나누니까. 지금은 해녀가 부족하고 연세 많은 분들은 해녀라도 다 나오시는 것도 아니고, 체력도 떨어지시고. 내가 처음에 할 때만 해도 언니들이 거의 70명 됐다 했거든요. 지금 우리 동네서만. 많은 분들이 돌아가셨어요. 요양원에 가 계신 분들도 있고. 그래서 지금 최고 많이 나올 때가 한 스물여덟 명이나 됩니다.해녀 문화가 유네스코에 등록되었잖아요. 제주 해녀. 그 제주 다음으로 경북에 해녀가 많거든요. 경북도 환동해본부에서 지원해 많이 해줘요.

우뭇가사리로 반찬 만들어 손님에게 내는 집

박: 이곳 요리 문화도 독특합니다. 청각, 천초, 도박, 두복 이런 걸 현대 요리사들은 대부분 잘 모르고 요리도 할 줄 몰라요. 다채롭게 요리할 수 있는 해조를 모르죠.

현: 우뭇가사리를 예로 들면 묵 만들어서 콩국 해먹지만 우리는 식당에서 초장에 찍어 먹는 것도 있고 양념장 해갖고 먹기도 해요. 어렸을 때 어머니가 우뭇가사리 묵을 해 주셨어요. 어머니가 살아 계시는데 그때 하는 거 보고 따라하기도 하고, 해 놓으면 어머니가 가르쳐주기도 하고요. 여기 식당에서 반찬이나 음식으로 제공해요. 손님이 좋아해요.

작업한 해녀 물건이 나오는 서나현 해녀의 식당 차림. 매운탕은
막 대보항에 들어온 어부가 건네주는 잡어로 끓인다.

박: 해녀 일과 식당 일 병행하기에 어렵지 않은가요.

현: 공동작업이 있는 날에는 무조건 나가요. 식당 일이 바빠도. 보통 오전 8시에서 11시나 12시까지 작업을 하거든요. 그러면 돌아와서 점심 장사부터 할 수 있으니까 문제없죠. 피곤하긴 피곤한데 이제 성게 작업 아니고는 물에만 갔다 오면 끝나는 일이거든. 성게 작업에도 물론 참여해요.

현: 피곤하기는 한데 물속에서는 막 피곤하진 않아요. 원래 물장구 치고 놀면서 천초 뜯고 꾸뚜바리 뜯고 했잖아요. 그거 풀(접착제) 만드는 데 쓰니까 사가요. 이제는 화학제품으로 바뀌어서 안 쓰지만. 그런 거 뜯던 경험이 있어서 지금 해녀 일도 할 만해요. 요새 그런 해조가 다시 인기가 있다던데. 건강식품이라고. 젤리 같은 것도 만들고. 제가 중요하게 하는 일은 바다 청소예요. 불가사리 잡아내요. 물론 관에서 보수가 나와요. 그래도 우리가 해야 하는 일이고, 다른 사람이 이걸 할 수는 없으니까. 갯바위 청소도 가요. 미역 잘 붙게 짬도 닦고. 일당으로 나오는 건 상군이나 우리 같은 하군이나 같아요.

박: 고무옷 처음 입었을 때 소감이 어땠어요. 어렸을 때 엄마가 입던 걸 입는다는 의미!

현: 처음 입었을 때 신기하고 어색하고.

박: 처음 '내가 해녀답다'는 생각이 든 건 언제였나요.

현: 고무옷을 처음 입었을 때요. 그 전에 사연이 있어요. 제가 식당에 미역이 필요해요. 반찬으로 나가니까. 생미역 파는 언니들한테 사서 보관했다가 썰어서 초장에 내고 해요. 맛있는 반찬이죠. 그 전에 어촌계장이 저더러 '니도 미역해라'하는 거예요. 그래서 체육복 같은 거 입고 나갔죠. 고무옷이 없으니까. 엄청 추운 거예요. 옷이 다 젖고. 둘째 언니(등대횟집 주인. 상군)가 상군인데, 고무옷이 있으니까 하의만 하나 빌려줬어요. 그거 입고 물에 들어가니 엄청 따뜻한 거예요. 미역 따기 좋아요. 그래서 언니한테 중고로 한 벌 샀어요. 그래가 저도 나잠허가증을 내서 정식으로 해녀 옷을 샀죠. 그때부터 폼 나죠.

물속에서는 오직 두룽박이 나를 지킨다

박: 기술적으로 배우는 거 있었어요? 장비 사용법이나. 현장 가서 보면 부유물 하나에 의지해서 몇 시간이고 있으니까 기술, 체력이 어마어마하게 쓰일 것 같은데요.

현: 물속에선 두룽박을 잡고 있어야 해요. 의지할 데가 없어요. 그게 전부예요. 두룽박, 숨도 쉬고. 서너 시간 하면 체력이 떨어져요. 하루 종일 일한 것처럼 힘들어요. 그래도 바다 가는 거 좋아하니까 신나게 가요.

박: 욕심나서 물 먹은 적도 있죠?

현: 네. 무리하다가 꼬록, 하고 먹은 적 있어요. 상군들은 나이가 들어도 호흡이 길어요. 일하면서 더 호흡이 길어지는 거 같아요.

박: 하군들에게 쉬운 물건은 양보하는 중군, 상군들도 계시죠?

현: 네. 계시죠. 말똥성게를 예로 들면 물가, 중간, 깊은 곳에 다 있으니까 물가에 있는 건 우리가 주로 하는 일인데, 상군은 그런 건 놔두고 깊은 바다로 가죠. 상군들 실력 있는 사람들은 양보하고 깊은 데로 가시죠.

박: 돈 가치로 보면 얼마나 버세요?

현: 말똥성게 같은 경우는 하루 이십만원? 까는 일 다 합쳐서. 말똥성게는 수입이 제일 좋은 일이에요. 상군은 우리 두 배는 하시죠. 소라, 전복, 해삼 하는 날에는 우린 깊이 못 들어가니까 소라 정도 잡아요. 소라는 비교적 얕은 바다에도 있어요. 그런 날은 보통 십 만원 해요. 문제는 물에 나가는 날이 별로 없어요. 일 년에 수십 일밖에 안 되니까요. 한 달에 너댓 번. 나가면 아주 고되고.

박: 겨우 일주일에 한 번꼴이네요. 게다가 생명의 위협도 있고요.

해녀들이 의리가 있어서 작업날 못 가는 해녀가 있으면 며칠 미뤄서 함께 나가는 날을 잡으려고 할 때도 많다.

해녀들끼리 아껴주고 챙겨주고

박: 애매한 질문인데, 답변을 잘 해주실 것 같아서 여쭙니다. 해녀들 간의 어떤 뭐랄까 죄송한 말씀이지만 삶과 죽음의 경계에 있잖아요, 그런 일을 하는 사람들끼리 연대감이 있지 않을까요.

현: 그런 연대감 그런 게 있어요. 우리는 형제다 도와야지 이런 생각들도 있고 막 그런 게 있어요. 초상이 나도 먼 동네 사람이면 못 갈 수도 있고 한데 해녀집안이라면 달라지는 거 같아요. 꼭 가고, 부조 하고. 지나가다가도 해녀 언니 집이면 인사하고 가고, 그런 끈적끈적한 게 있죠. 아

침에 8시부터 가는데, 뭐랄까 애틋한 감정 그런 게 있어요. 저 언니 진짜 힘들게 일한다. 저 해녀언니 힘들게 일하고 서로 생각하는 마음이 있어요.

박: 제주해녀들에 대한 기억이 있나요. 어렸을 때.

현: 네. 억양이 특이하고 그랬죠. 저희 사촌오빠도 제주해녀랑 결혼했어요. 그분들한테 배타적으로 그런 거 같지는 않아요. 제 기억에는. 되게 열심히 살잖아요.눈 뜨면 제주해녀들이 작업해가 돈 벌어가 다 애들 공부 시키고 했으니까 존경스럽죠.

박: 상군이 나이 들면 하군으로 내려옵니까.

현: 대개는 그러지 않는 거 같아요. 그만두면 그만두지.

박: 하군이 상군으로 올라가려면 어떻게 해야 하나요.

현: 올라갈 수 있어요. 내 같은 경우에는 상군 하고 싶으면 오리발 해서 연습해야죠. 고명숙 언니라고 있어요. 내처럼 하군이었는데 점점 늘어서 지금 최고 상군이에요. 타고나는 것보다 연습해서 늘어요.

박: 처음 작업 나간 날 기억나시죠.

현: 성게 작업이었는데, 어떻게 하는지 몰랐어요. 파도에 밀려서 처

박히기도 하고. 겨우 한 사발 잡았어요. 그래 갖고는 안되겠다 싶어서 언니를 하는 걸 잘 봤어요. 전복도 그래요. 보호색이 있어서 잘 안 보이는데 어느 날 보이기 시작해요. 돌 사이에 있는데 딱 느낌이 와요. 잘 하는 언니들 보고 하는 게 중요해요. 교육을 따로 하는 건 없으니까. 바다 깊이에 따라 물건이 다르니까 잘 봐야죠. 잘하는 언니들은, 말똥 같은 경우 깐 걸로 십 킬로 이상 가지고 와요. 깐 거 기준으로. 마이 하는 거죠. 우린 삼사 키로나 하죠. 상군 언니들 보면 물건 없을 때는 금세 옮겨요. 전복은 물이 어두우면 잘 안 보이고. 모여 있지도 않고. 나와 있을 때는 그나마 전복이 잘 보이고, 숨어 있으면 못 잡아요. 전복은 손바닥만 한 거는 잘 없고, 십 센티쯤 되는 것들이 많아요. 전복 몇 마리 겨우 잡으니까 팔 것도 없어요. 전복은 빨라요. 움직여요.

박: 멍게는 어떤가요.

현:안 그래도 상군 언니가 보고 왔다는데, 바위에 꽃처럼 무더기로 피어요. 발견만 하면 따기는 좋다 해요. 대신 물이 깊은 데서 살아서 하군은 못해요.

박: 미역도 하시죠. 미역은 어디 것이 맛있어요?

현: 굳이 깊은 바다는 아니어도 파도가 많이 치는 곳에 자라는 게 맛있어요. 우리 마을은 등대박물관 있는 데 가서 많이 해요. 여기 미역은 푹 끓여 드셔야 맛있어요. 뽀얀 물이 나오면서 구수해져요. 한 시간 이상 약

갈치젓갈 만드는 장면.

한 불로 끓여야 맛이 나와요. 미역국에 생선도 넣잖아요. 여기는, 생선 따로 삶아서 뼈는 추려서 버리고 살만 넣어요. 여기는 관광지라 손님도 좀 있고 해녀 일도 하고 재밌게 살아요. 식사하고 가세요. 여기 횟밥 드세요.

대도시에 나가서 최고 학부까지 마치고 살다가 고향으로 돌아온 해녀다. 어쩌면 미래 해녀들은 이런 형태로 유지되지 않을까 예상해볼 수 있는 생활방식을 보여주었다.

전복이 날아간다 하데예

정숙희 해녀

전복이 날아간다 하데예

정숙희 해녀

구룡포 어촌계 해녀들은 어촌계 구역 말고도 인근의 해녀가 없거나 적어서 작업이 안 되는 마을을 돌며 작업하는 팀이 있다. 일년에 150일 이상 작업한다. 작업할 미역이나 각종 해물이 나오는 날이 지역마다 다 달라서 이렇게 순회 작업이 가능하다. 이 팀을 흔히 농담조로 드림팀이라고 부른다. 상군들로 이루어져 있으며, 작업 속도와 기술이 뛰어나다. 그 중 정숙희(64) 해녀를 만났다. 나이에 비해 아주 건강해 보였다. 팀의 막내 해녀인 김정희(57) 해녀가 동석했다.

정: 석병2리 출신이에요. 내가 어렸을 때 수영은 배웠고, 고향에 제주 해녀들이 많았어요. 고향에서 해녀 일은 안 했고 구룡포 시집 와서 했죠. 제주 해녀들은 여기 와서 결혼한 사람도 있고 일하고 가는 분도 있고. 제주 사람 말고도 석병 사람도 하는 사람이 있었고. 친정집은 해녀 안 했고, 친정아버지는 배 탔지. 꽁치 같은 거. 석병은 고깃배가 많지 않고 구룡포 와서 탔어요. 나도 구룡포로 시집왔어요. 일찍 왔어요(웃음). 친정에서

는 공장일도 가끔 가고 주로 그냥 가사 일 했지. 시댁도 어업했어요. 쩨맨 한 문앳배(문어잡이배), 뗀마 하셨지.

뗀마(덴마)는 전마선으로 작은 배다. 파도 드센 동해바다에는 너무 작은 배라 위험했다. 신랑은 문어 배를 타다가 작은 오징어배로, 다시 큰 오징어배로 갈아탔다고 한다. 남편은 오징어 배 선장을 하다가 은퇴했다.

바닷가에서 자라 천상 해녀가 되었다

정: 남편은 오징어 배를 탔는데 고기잡이가 잘 안 되고 해서 그만뒀어요. 배도 팔고.

박: 그럼 해녀님이 지금 가장이시겠네요?

정: 하하하.

박: 처음 해녀가 된 과정을 말해주세요.

정: 안개이, 지금은 말똥성게라고 하는 거. 그거나 잡을 줄 알았지. 시집 올 때만 해도 해녀가 팔십 명이 넘었어요. 내가 팔십사 번. 원래는 백오십 명이 넘었다고 해요. 내가 사십 가까이 돼서 처음 해녀가 된 거예요. 시어머니가 살림 하시고, 애기들이 크고 하니까 돈벌이좀 하려고. 처음엔

고무옷도 없이 그냥 작업복 입고 했어요. 오리발 차고 언니들 따라서 시작했어요, 고무옷 입고. 잘은 못하고. 누구한테 배우는 건 없고 그냥 자무질할 줄 아니까 그냥 알아서 하는 거예요. 내 밑으로 후배는 거의 없죠. 우리 팀엔 내가 제일 어린 편이고. 칠십 어른들이 많아요. 하면서 점점 수심을 타게 됐지요.

박: 얼마나 깊게 타세요.

정: 길이는 한 십 미터, 십이 미터. 일고여덟 발? 상군 만치는 해요. 깊이 가는 게 중요한 게 아니고. 어촌계장(성정희 해녀)도 그러고 안전이 제일이다, 하니까, 조심해서 해요. 요새는 다 수심을 안 탈려고 해요(깊이 안 들어가려고 한다).

해녀들은 불법 스쿠버가 물건을 너무 많이 해가서 바다에 물건이 없으므로 일할 의욕이 없다고 한다. 만난 해녀의 100퍼센트가 그렇게 말한다. 밤에 와서 밀작업을 하므로 적발도 못한다. 하더라도 대개 증거가 없다. 정책으로 풀어야 할 일 같다.

박: 일하시면서 위험한 상황은 없었어요?

김정희: 언니야, 내는 죽을 뻔했다. 바다에 이런 바위가 있어요. 거기 맵살고동(맵사리고둥)이 붙어 있어요. 큰 바위에 가득 붙어 있었어요. 끌어 담다 보니까 무거워 가지고 이게 안 올라가. 너무 많이 잡아서. 경험이

없어서 무거운 줄 몰랐어. 큰일 날 뻔했어요. 그때 죽을 줄 알았어요.

정: 첨엔 그냥 옷 입고 시작하고, 해녀 일 하겠다 싶으면 고무옷을 장만하는데 선배들이 쓰던 거, 헤진 거 그런 거 얻거나 사서 입어요. 개인이 샀지요(이제는 고무옷은 지자체에서 보조해서 공급받는다)

정: 일은 뭐, 성게를 많이 하는데 보라성게가 제일 힘들죠.

전복 잘 붙는 자리가 있어요

다른 해녀들에게 들은 바처럼 보라성게는 깊은 바다에서 건져야 하고, 그걸 또 까고 뒤처리하는 일이 고되어 해녀들이 힘들어한다. 그래도 개체수가 많고 돈이 되니 열심히 해야 한다. 필자는 이런 얘기를 많이 들으면서, 해녀 작업할 해물들의 다양성이 사라져서 뭔가 일의 즐거움, 다채로움이 사라져 간다고 느꼈다. 이 지역의 경우만 해도 미역, 성게, 뿔소라 말고는 사실상 크게 할 일이 없어져버렸다. 특정 개체만 많다는 건, 그만큼 바다의 미래가 어둡다는 뜻이다. 성게, 뿔소라는 특히 먹성이 좋아서 바다 해조를 많이 먹어치우니 다른 종이 살 여유도 없어진다는 게 전문가들의 견해다. 일종의 악순환이라고도 볼 수 있다.

정: 전복 잡는 게 어려워요. 처음에 배울 때는 전복을 어떻게 하는 건지 힘들지. 잘 모르는 상황에는. 이래 잘 살펴야 되고 돌 같은 데라도 어디

라도 전복이 잘 붙는 곳이 있다. 아무 데나 가면 전복이 있는 줄 알았지. 처음에는요. 언니들이 같은 돌방구라도 전복이 잘 붙는 자리가 있다고. 이제는 알지요. 풀 같은 거 많고 꺼끌한 거보다 매끈한 돌에 잘 붙어요. 해초 같은 데는 전복도 빨리 크고 좋아요. 전복도 날아간다, 빠르다고 하는데 나는 잘 못봤어요. 전복이 날아가면 억수 빠르다고 해요.

정: 일하다 바닷속이 예쁘냐고요? 전 그런 거는 생각 못해봤어요.

김: 언니야. 나는 일 욕심이 없어서 그런가 그리 바닷속이 예쁘다. 고기도 이렇게 작은 고기도 색깔별로 있어. 일 어느 정도 하면 그때부터 구경하고 싶어요. 배가 부른 사람 배가 고픈 사람 차이라고. 내가 배가 불러가 여유 있게 바다도 보는 거 같아요(웃음). 오래 하신 분들이 '배가 고프면 하나라도 더 잡아야 하겠다'고 생각한다고.

정: 일 많을 때는 매일 나가고, 기상 나빠서 쉬고. 작업 나갈 때는 도시락 안 싸요. 끝나고 집에 와서 먹고. 성게 할 때는 보통 시켜먹어요. 배

가 고프면 잡아먹고. 원정 가면 간식은 가져가고 과일, 떡 뭐 있는대로. 작업 뒷일 있으면 사먹고 그래요.

정 해녀와 짧은 인터뷰를 마쳤다. 마침 일찍 나온 작은 능금을 먹으면서 해녀 일의 뒷얘기로 다들 꽃을 피웠다. 특별히 아픈 데는 아직 없고 귀가 나빠지고는 있다고 한다.

"나도 귀가 조금씩 나빠져요. 해녀는 목소리가 크잖아요.(웃음)"

바다는 다 줍니다 먹고도 살게 해주고

박명자 해녀

바다는 다 줍니다 먹고도 살게 해주고

박명자 해녀

몇 가지 해물을 파는 갯바위 수산을 운영하는 해녀 박명자의 집은 파도가 이는 해변에 있다. 동해안 해안가의 전형적인 서민, 어민의 집이다. 지붕이 낮게 지어져 있다. 거리 이름이 호미로 360길. 성난 파도가 마침 어마어마하게 밀어닥치고 있었다. 2022년 8월 24일 오후. 씩씩하고 친절한 해녀였다. 오래 전 울릉도로 원정 작업 가던 이야기로 시작했다.

박: 바닷가 집들이 이렇게 지붕이 낮네요.

명: 내가 한 27년 전에 울릉도 작업하러 가니까 진짜로 지붕이 낮더라. 미역 작업하러 갔어요. 처음엔 5월에 갔는데요. 그때는 6월에 금세 나왔어요. 나중엔 4월 그믐에 들어가서 7월에 나오기도 했어요. 작업은 얼마 안되는데 오래 지냈어요. 날씨나 그런 것 때문에 작업 못하는 날이 많아서 작업 일수 채와주느라고 오래 걸렸어요.

박: 그럼 여기 해녀 일은 포기하고 울릉도 가는 거예요?

명: 거긴 미역이 많아요. 여기 일을 다 하고 해놓고 가기도 하고, 어떤 때는 (울릉도작업비가 많이 주니까) 요기는 포기하고 가요. 그때 돈 하루 10만원이니까 많죠. 올해는 50만원 준다고 하더라고. 이제 나이가 있어서(안 갔다). 50만원 준다고 하면 50만원만큼 일을 해줘야 하는 거라(결코 돈을 많이 받는다고 할 수 없다).

박: 해녀님은 일 잘하세요?

명: 나는 숨이 좀 짧지. 심장이 안 좋은 사람은 숨이 짧다(폐활량에 대한 얘기).

여담인데, 92년도 바르셀로나 올림픽 남자마라톤에서 우승한 황영조 선수는 그 당시 엄청난 화제를 몰고 다녔다. 기사가 쏟아졌는데, 어머니가 고향 삼척에서 해녀로 일하고 있을 정도로 타고난 폐활량을 가졌다는 내용도 눈길을 끌었다. 황영조선수의 어머님은 상군이었던 모양이다.

명: 나는 숨길이 짧은 사람은 심장이 덜 튼튼하고, 숨길이 긴 사람은 심장이 튼튼하다고 봐야 됩니다.

박명자 해녀는 '숨길이 짧다' 하는데도 건강은 아주 좋고 젊어보였다. 60대 초반이나 되어 보였는데 올해 우리 나이로 칠십이라고 한다.

명: 여기 옛날 집이고 지금은 집이 따로 있는데 여기서 사무실로 쓰고 주로 삽니다. 편해서. 과메기 하고, 오징어 하고 그래요. 아저씨랑 같이. 오징어 받아다가 할복해서 직접 말려서 팝니다. 파리 안 꼬일 때 겨울 되면 오징어 많이 말립니다. 오래 말려야 하니까 파리 없을 때 하는 거지. 피데기도 하고. 과메기도 그래요. 오징어 큰놈 해요. 아저씨(남편)가 낚아오면 그거 말라서 팝니다. 아저씨가 오징어잡이 배를 타요. 겨울 되면 오징어 철 되면요. 이 동네 전체가 오징어 밭이 되는 거야. 말루는 거. 자기 빨래 틀만 있어도 다 덕장이지.

내가 해녀 한 지가 한 40년 넘었어요. 첨부터 한 건 아니고 포항 나가서 사업 하다가 다시 고향 들어와서 시작했지. 원래 헤엄을 칠 줄 아니까 한번 해보자 해서. 어촌계 가입해서 시작했지.

해녀가 되려면 어촌계의 동의를 받아야

이 지역 해녀는 어촌계에 가입해야 활동을 할 수 있다. 신규 해녀 신청자가 거의 없지만 받아들여 줄 때도 나름 까다롭다. 거주지가 이곳이어야 하고, 어촌계 가입해야 하며, 가입 후에도 어촌계장 성향에따라 상당기간 '수습' 기간을 거치기도 한다. 그 기간에는 봉사활동 등을 하는 게 골자다.

필자가 만나본 구룡포의 해녀들은 거의 모두 해녀라는 직업에 자부심이 있었다. 다른 일을 겸업하고 있어서 그쪽에서 수입이 더 낫더라도 해녀 일이 자신의 주 직업이라고 밝히는 경우가 많았다. 과거에 비해 해녀의 자존감이 높아져 있다고 느낄 수 있었다. 이는 제주는 물론이고 경북도에서 일관된 해녀 이미지 제고 사업, 지지 사업, 홍보 등을 지속해온 것이 주효했다고 할 수 있다. 전업 해녀는 대부분 상군인 경우다. 작업 능력이 뛰어나고 수입이 좋은 편이다. 물론 전업이 모두 상군은 아니다. 원래 상군이었다 하더라도 연세가 들어 중군, 하군으로 내려갈 수도 있다. 일을 계속 해야 하는데(이는 수입을 꼭 올려서 생활비를 벌어야 한다기보다 노동이 생활화된 지난 시대 한국인의 특성 같기도 하다) 해녀 일을 해왔으므로 작업 능력이 떨어져도 전업을 지속하는 셈이다. 이곳 해녀들은 전업, 농사겸업, 상업겸업이 혼재되어 있다. 농사 겸업은 제주보다 적은 듯하다. 겸업 중에는 어업 겸업도 있다. 남편이 배를 가지고 있어서 부부가 함께 어로하는 경우다. 배가 작고 어장이 나빠져서 어로 수입은 그다지 높지 않다. 특이하게도 어업, 상업, 농업 세 가지에 해녀를 겸업하는 경우도 있었다. 가정 일까지 치면 다섯 가지 일을 하는 셈이다. 먹고 살기란 얼마나 어려운 일인가 실감케 했다. 상업은 대체로 바닷가라는 특성을 살려서 하게 마련인데, 업종은 횟집(식당), 펜션업, 건어물 제조(중개) 등이 있으며 아르바이트 수준이지만 호미곶 국민관광지에 나가서 건어물을 소매로 파는 해녀도 있다.

명: 내가 해녀 시작할 때만 해도 해녀가 아주 많았어요. 안개이(말똥성게) 할 때는 거의 100명 넘게 나와. 그때는 제주 해녀도 많았고(지금은 많이 작고한 상태이며, 새로 제주에서 유입이 없다). 나는 처녀 때는 물질을 한 번도 안했어요. 헤엄은 칠 줄 알았지만. 물에서 놀고 하니까. 어렸을 때부터. 그때 제주서 해녀들이 와도 대접을 못 받았어요. 여기 처녀들이

해녀 한다고 안 했어요. 내가 시작할 때는 한 100명 있었고, 제주랑 구룡포 출신이 반반 정도 됐어요. 해녀 인식이 달라졌지. 요새 우리 어촌계 해녀가 서른 네 명. 제주 출신 해녀는 열 분이나 될 거야.

철에 맞춰 작업 물건이 정해져

해녀 작업일을 결정하는 건 어촌계장이다. 작업해야 할 종목이 다양한데, 크게 두 부류로 나뉜다. 하나는 전복과 성게류, 해삼과 멍게, 문어 등 일반 해산물이 있고 다른 하나는 해조류다. 어촌계장은 대개 남자이고 배를 부리거나 어민으로 살아온 경우가 많다. 해녀 작업에 대해 이해가 있고, 잘 조정해서 진행하려고 하지만 더러는 해녀의 생각과 다른 경우도 많다. 예를 들어 바다 사정이 계장이 판단한 것과 막상 입수한 는 해녀 입장에서 볼 때 다를 수 있다. 어촌계장은 배로 하는 작업에 익숙하고, 해녀는 몸으로 입수하는 일이니 감각이 차이가 있는 셈이다. 막상 바다에 나가서 파도가 세지거나, 작업 환경이 나빠져 금세 철수하게 되면 해녀로서는 그다지 기분이 좋을 리 없다. 그래서 해녀들도 투표에 참여하는 어촌계장이라는 직의 어려움이 있다. 오랫동안 어촌계장은 해녀보다 우월한 지위에 있었으나 현재는 전혀 달라졌다. 해녀들의 자의식도 성장한 데다가 세상의 민주적 분위기의 영향도 받아서 그렇다고 한다.

명: (오늘 작업이 되는 날인지 날씨 보고 판단하고 그런 거는) 나는 잘 몰랐어요. 작업 되겠나 오늘, 해서 나가면 상군들이 하자는대로 우리는

죽자사자 따라가는 거라.

박: 어떤 작업을 주로 하셨어요.

명: 안개이(말동성게) 같은 거는 쉽고, 보라성게는 깊어서 쉽지 않고. 해삼이 제일 깊어요. 해삼은 상군이 하지. 전복도 깊은 데는 상군 아니면 못하고 (비교적 깊지 않은 바위 위에 붙어 있는) 전복은 조금 하고 그러죠.

박: 작업하면 어느 정도 내려가세요.

명: 몰라. 한 5미터는 안 가나 싶다. 수심을 재보지는 않아서 몰라요. 상군도 숨질이 좋은 사람은 깊이 가고. (무엇보다) 호흡이 중요하거든. 호흡이 되는 사람은 깊이 가고 안 되는 사람은 잘 못하고. 나는 내 숨까지만 하고 와요. 세 개 잡을 거 하나만 잡고 그냥 올라와야 돼.

해녀들은 자기 숨을 잘 안다. 욕심을 내지 않아야 한다고 말한다. 이는 본인이 겪기도 했고, 무리하다가 병이 나거나 사고나는 것을 듣고 보면서 살아왔기 때문이다. 2022년도의 해녀들은 연세가 들어서 지혜로워지고, 엄청나게 무리해서 물질을 해야 할 만큼 경제적 사정이 나쁘지 않아서일 수도 있다.

박명자 해녀는 결혼해서 타지에 나가서 아이 낳고 살며 생계하다가 고향으로 귀어한 케이스다. 남편의 고향은 거제도다.

박: 고향 바다가 고마운 거네요. 여기서 재기하시고.

명: 그렇죠. 그런데 옛날과 요새는 참 달라요. 옛날에는 물건이 많았는데 가격이 쌌고, 요새는 비싼데 물건이 없어요. 내가 미역 작업도 해요. 울릉도도 가서 하고.

박: 울릉도 원정은 힘들지요?

명: 때가 오십 초반이니까 그렇게 딘 줄은(힘든 줄은) 몰랐어요. 애들도 다 가르쳐놨고 하니 좀(여유 있게 일을 다녔다). 포항서 배 타고 들어가요. 숙소도 정해주고. 둘이나 서이 같이 써요. 화주(고용주)가 방을 다 잡아줍니다.

울릉도 원정을 떠나다

울릉도는 해녀가 적어서(10여 명 내외) 타 지역에서 원정 온 해녀들이 미역 작업 등을 한다. 여러 마을에서 두세 명씩 와서 큰 팀을 이룬다. '외인구단'처럼 타지의 프로들이 모여 한 시즌을 치러내는 것이다. 하지만 작업은 대개 같은 마을에서 온 두세 명씩 그룹을 지어 따로따로 한다. 화주는 미역 돌 주인이다. 미역 돌(짬)은 개별 주인이 있는 경우도 있고, 마을 공동체 소유인 경우도 있다. 과거에는 개인이 가지고 있었는데, 요새는 공동 어장으로 많이 바뀌었다. 울릉도는 아직 개인 소유 중심이다. 화주는 알선자(브로커)에게 부탁을 넣고, 이들이 해녀들에게 접촉하여 원정을 떠나게 된다. 박명자씨는 50대 무렵(10여 년 전)에 울릉도 원정을 떠나곤 했다. 구룡포 일대는 마을 공동작업장이고, 해녀들이 미역을 하는 만큼 개별적으로 가져간다. 울릉도는 입찰을 봐서 짬(돌)의 주인이 정해지므로, 해녀들을 그 주인들이 '고용'하는 형태가 된다. 이런 관행은 지역마다 다르다.

박: 그래도 한 번 가면 천만 원 이상 해오셨죠?

명: 요즘은 어떤지 모르겠어요. 하루에 50만원 어치 작업을 한다고 하면 천만 원 만들려면 20일을 해야 되는데 아주 힘이 들어요. 왜냐하면 날씨가 안 좋으면 작업을 못하고 그건 작업일수에서 빼요.

따로 다른 해녀 편에서 썼지만, 원정 물질은 엄청나게 힘들다. 일당으로 돈을 받고 하는 것이라 하루 체력을 다 쏟아넣어야 한다. 울릉도는 또 수심이 깊어서 그만큼 체력 소모가 심하다.

명: 무조건 물에 들어가야 돈을 주니까 힘들죠. 먹는 건 그쪽에서 다 책임져요. 식사는 재료를 주면 우리가 해먹어요. 작업 오래 나갈 때는 밥을 해서 점심 도시락을 싸야지.

박: 미역 작업은 어떻게 하세요.

명: 우리가 물에 들어가서 잘라갖고 모으면 크레인으로 끌어올리고.

구룡포리 해녀들의 출정!

하루 너댓 시간 해요. 일곱 시에 나와서 끝나면 보통 오후 한 시. 집에 와서 정리하면 세 시 이래 되지. 배 가고 오고 가고 하는 시간이 또 있어요.

박 해녀는 울릉도 미역작업이 구룡포 지역보다 오히려 힘이 덜 든다고 한다. 울릉도는 미역을 베어서 밀어주면 다른 작업원 남자들이 끌어올려주고 하는데, 구룡포에서는 해녀들이 베고 자르고 끌어올리는 일까지 해야 하므로 더 '되다'고 한다. 물론 이는 박씨의 개별적 경험이라 상대적일 수 있다. 울릉도 작업은 미역을 수확하러 가지, 짬을 매러 가는 경우는 없었다고 한다.

공동으로 짬을 매서

명: 여기는 우리가 다 (짬을) 매고, 다 같이 공동작업으로. 나중에 미역 딸 때는 기술대로 따서 가는 거예요. 미역 따면 한 사람이 3일 해서 2백만원도 하고 3백만원도 하고. 대신 사나흘이면 작업할 일이 더 없어요. 울릉도는 작업일이 20일 이렇게 되니까 총액이 커서 원정을 가는 거지, 해녀들이. 보통 사월 그믐 때쯤 가서 빨리 나오면 6월이고. 그렇다고 그동안 내내 미역 작업이 있는 건 아니고. 한참 기다려요. 봄에는 울릉도 사람들이 명이나물을 하거든. 그거 끝나면 이제 미역 일 시작하지. 밀어넣을 사람이 없으니까(명이나물 작업하느라고). 그때까지 기다려요. 노는 날이 많아요 그래서.

박: 댁 아이들이 엄마가 멀리 오랫동안 작업 떠난다니 싫어하지 않았나요.

명: (웃음)그때 애들이 이미 커서. 아저씨도 불편해도 그냥 지냈지요. 끼니는 준비해놓고 가면 알아서 하고.

가족들 두고 원정을 떠난다는 게 얼마나 어려운 일인가. 그것도 1,2주도 아니고 두어 달 이상 떠나야 한다. 박명자 해녀는 이런 질문에 지난 일이라 그냥 웃어넘겼지만, 듣는 나로서는 힘들었다.

인터뷰를 마감하면서 마침 시기가 추석 지난 후라 '헛물질'에 대해 좀 물으려 했다. 그러다 얘기가 해루질로 번졌다. 그 과정은 이렇다.

박: 추석 전에는 헛물질 해서 좀 수입이 좀 생기게 하잖아요. 어떠셨어요. 전복좀 하셨어요?

명: 전복이 별로 없어요. 스쿠바, 해루질을 다 해가서.

박: 실제 목격한 적이 있으시죠.

명: 그럼요. (봐도) 무서워서 말을 못해요.

박: 어촌계나 관청에다 요청을 하시지 않아요?

명: 그 사람들(해루질)은 못 말린다.

박: 경찰이 와도 해결이 안되죠.

명: 왜 그러냐 물건을 다 붙잡아야만이 되는데 잡는데 나오라 나오라 하면 그 사람들이 (물건 가지고 나오겠어요?) 내부터도 물건 나아놓고(놔두고) 나오지. 물건 가지고 나오겠어요.(그래서 증거가 없다) (불법)스쿠바가 작업을 하더라도 문애(문어) 하러 왔다고 하니까. 문어는 스쿠바가

잡을 수 있어요. 전복이라든지 성긔(성게) 하든지 우리가 (씨 뿌리거나 관리하는) 하는 거는 안 잡는다고 하니까 또 이상하지.

불법 해루질과 싸움

해루질은 현재 해녀들이 가장 첨예하게 다투는 대상이다. 공유 수면의 경우 해루질 자체가 불법은 아니다. 그러나 해녀들은 상당수 해루질이 불법이라고 믿고 있다. 못 잡게 되어 있는 전복 등을 잡는다고 한다. 불법 해루질은 주로 야간에 이루어지므로, 해녀들이 감시조를 짜서 바닷가에 나가기도 한다. 하지만 현장을 확보하여 전복 등을 채취한 것을 보지 않는 한 법으로 처벌할 수 없다. 일개 어촌계의 해녀들이 감시를 해봐야 무슨 소용이 있겠는가. 해녀들이 해루질에 대한 감정은 대략 두 가지인 것 같다. 하나는, 해루질이 합법이라고 하더라도 무리하게 많이 잡는 경우가 많다, 그들은 생계도 아니고 레저로 그렇게 할 필요가 굳이 있는가. 둘째는 해루질이 상당수 불법으로 확장되어 있다는 시선이다. 합법이라고 해도 해녀는 “맨몸으로 숨 참아가며 겨우 생계로 잡고 있는데 굳이 자원도 별로 없는 바다에 와서 잡아야 하나”는 것이다. 2022년 11월에는 제주에서 해루질과 관련한 큰 뉴스가 났다. 해녀와 해루질 동호인 사이에서 시비가 일어서 해녀들이 막아서는 과정에서 바다에 빠지기도 했다. 경찰에 형사 고소를 하는 등 제주도에서도 이 문제는 아주 심각한 문제가 되고 있다. 이런 문제와 관련, 바다가 국가 정원이 되면 단속 근거가 생겨서 불법 스쿠버 작업을 막을 수 있다고 한다. 어쨌든 이 문제는 여러 가지 의미에서 해결이 되어야 한다고 생각한다. 특히 생계를 이어가는 해녀들을 위해서라도 적극적으로 풀어야 한다고 본다.서 해결이 되어야 한다고 생각한다. 특히 생계를 이어가는 해녀들을 위해서라도 적극적으로 풀어야 한다고 본다.

은퇴 없는 해녀의 삶

조규석 해녀

은퇴 없는 해녀의 삶

조규석 해녀

구룡포리 조규석 해녀는 마침 병원에 다녀오는 길이었다. 관절염이다. 허리도 아프다. 해녀들은 쉬는 날이면 구룡포 병원에 간다. 인공관절 수술한 지도 몇 년 됐다. 제주도에서 태어나서 같은 제주도 출신 남편과 육지로 온 것이 포항이었다. 천상 할 줄 아는 게 물질이었고 그렇게 해녀가 됐다. 한 평생을 해녀로 보냈고, 남편도 떠나보낸 후 아직도 노년의 해녀로 살아간다. 해녀는 은퇴가 없다. 마루에 걸어 놓은 가족사진이 자랑스럽다. 자식, 사위와 며느리 자랑으로 인터뷰를 시작했다.

조: 남편이 유공자다. 6·25전쟁 때 참전했다. 총 맞아가 미군부대 병원에 입원했는데 살아났다. 관통상 입었다. 남편과 제주도에서 만났다. 둘 다 제주도 사람이지. 스물다섯에 여기 왔다. 결혼해서. 물에 들어가 벌어 먹을라고 왔지. 남들은 오징어배 많이 타는데, 우리 남편은 배를 못 탔다. 오징어 장사를 했다. 죽도시장마냥 이 동네가 사람 많았다. 내 고향은 제주도 구좌면 김녕. 엄마도 해녀였지. 그때는 여자는 다 해녀였다.

너네들은 세월 잘 만나가지고 대통령 사는 거나 마찬가지다. (예 맞아요) 옛날에는 돈 10원 돈 구경도 못했다. 엄마들 물애질 하는 데 가 가지고 이제 여름에 해수욕 하면서 같이 배웠다. 물질은 해수욕만 할 줄 알면 되거든. 헤엄만 칠 줄 알면 돼. 그래 인자 육지로 돈벌이 나오는 거지. 연락선 타고 부산 왔다. 거기서 포항으로 왔다.

알선인을 따라 첫발을 딛은 구룡포

1963년 9월 28일에 제주~ 부산을 오가는 973톤급 당시로선 초대형 호화여객선 도라지호가 취항하면서 제주의 해상교통은 혁명적 변화를 맞기 시작한 것이다. 특히 이 여객선은 박정희 최고회의 의장이 1961년 5·16후 처음으로 제주도를 방문한 이후 정부 부처에 제주해협을 악천후에도 제주도민들이 편안하게 육지를 다닐 수 있도록 지시하면서 만들어진 것이었다. 이 여객선은 국제입찰을 통해 일본조선소에 6000여 만원에 낙찰돼 만들어졌다. 여객선 도라지호가 제주항에 입항했을 당시 선박의 규모가 어찌나 컸던지 취항식에 참석한 도민들은 선박의 웅대한 스케일에 벌어진 입을 다물지 못할 정도로 놀랐던 적이 있다. 도라지호에 이어 제주~부산 간 918t급의 아리랑호가 취항했는데 이 배는 원래 부산~시모노세키를 운항하던 대형 여객선이었다. (제주일보 2011. 9. 2)

조: 해녀를 통솔해서 오는 사람(알선인)이 있어. 몇 개월씩 여기서 돈 쪼금씩 벌어가 제주도 다시 가서 엄마 주고 그랬지.

박: 그러니까 결혼 전에도 이미 여기 와서 일하셨다는 거죠?

조: 응. 음력으로 2월 3월에 오면은 한 8월 9월 되면 제주도로 가. 여기 결혼해서 눌러사는 사람도 있고 돌아가는 사람도 있고. 몇 달 되니까 방도 얻어서 몇 명씩 같이 살아. 쌀도 된장도 제주도애서 가져오고 그랬어. 그러다가 결혼해서 여기로 왔어. 머시마 둘 하고 딸 하나 놨는데 내가 얼라를 더 놓으려 해도 자무질 하려고 하면은 얼라 보는 사람이 없어. 이웃집에 부탁해서 얼라를 봐달라고 하고, 그래서 얼라를 많이 못 낳았어.

이렇게 살았지. 영감도 돌아가신 지 이제 삼년 됐다. 남편 김정희. 해병대 3기. 제주도 한경면 사람이다. 1952년 김포 장단전투 참전 사진이 인터뷰하는 마루에 걸려 있다.

조: 여기에 내가 올 때 제주도 해녀가 이미 많았다. 백 명 넘었다. 육십 년 전이다. 내가 팔십 셋인가, 1940년생. 여기가 '기지'가 좋아. 여기서 일하기 좋다. 제주도 해녀가 딴 동네에 가지만 여기가 바다가, 기지가 제일 좋아서 여기에 제일 많았다. 해녀들이 다 언니뻘, 부모뻘 되는데, 그 사람들이 백 명이나 있었다. 남편들은 오징어 잡고. 옛날엔 제주도 해녀들이 혼자되는 사람이 많았다. 남편이 군대 가서 1년도 안돼서 전사했다. 그런 해녀들이 물애질 여기 오면 혹 여기 남자 만나서 결혼도 하고 그랬다. 아니면 제주도 남자랑 결혼해서 왔지. 지금은 다들 나이가 많아서 물애질 하는 해녀는 다섯 명 안 된다. 내가 구룡포에서 제일 나이가 많다.

제주도 출신 이주 해녀들은 서로 잘 뭉쳤다. 경조사가 있으면 물질이나 뱃일이 있어도 다 차치하고 모이는 풍습이 있었다. 당시엔 이곳이 타향이었다. 그렇게 새로운 곳에서 살아갔다.

제주 해녀에서 구룡포 사람이 되어가는 과정

조: 부인회, 친목회가 있었다. 돼지도 삶고 제주도식으로 하고. 여긴 모자반은 없어서 몸국은 못 끓이고 여기 나오는 해조 넣고 국 끓였다.

박: 여기 지역 해녀들은 언제 생겼어요.

조: 벌써 지선(지역) 해녀들, 이 동네 해녀들이 생겼지. 제일 나이 적은 사람들이 예순살 넘었다. 오래 됐다. 서로 사이가 좋았다. 가르쳐주고.

조: 돈은 별로 못 벌었다. 물건은, 자원은 많았어, 돈이 안됐어. 천초 뜯어가 수출하고. 미역 따가 생활하고. 전복 문어 하고. 많이 있었지. 보라성게 한 통에 구 만원 십 만원 하잖아. 요샌. 예를 들어 요새 일 키로에 팔만원이라고 하면, 옛날에는 만 원, 이 만원 가치밖에 안됐다. 쌌다. 요새 하루 백만 원 하는 해녀도 있다. 성게 해가. 옛날엔 내가 그렇게 많이 했는데 수입이 없었다. 가격이 헐했다.

박: 친정에 가신 적 있어요?

조: 삼십 년 됐다. 오빠들은 다 일본 가 살다가 돌아가시고, 조카들이 살지.

박: 고향에 가서 많이 우셨어요?

조: 그럼. 친구들 만나고 그랬지.

박: 다시 가고 싶으시죠?

조: 그럼. 가보고 싶다. 자식들 데리고 가야지. 친구들 있을라나.

박: 처음 여기 오셔서 스물다섯 무렵에 상군이었어요?

조: 응. 상군이었다. 내가 잘했다. 내가 아홉 발 가면 거북해. 십오미터 가면 버거바(버거워). 여덟 발은 보통이다. 일곱 발이면 편하고. 아홉 발은 숨이 부담간다. 갑옷 입고 들어간다. 일곱 발은 가야 해삼을 잡는다. (해삼은 깊은 바다에 산다. 상군들이나 잡을 수 있다) 여기는 빗창은 안 쓴다. 전복 할 때 제주도에선 하는데, 나는 여기서 빗창 안 쓴다. 여기 식으로 한다. 꼬께로 한다.

한 십오 미터 내려가서 해삼 퍼떡 보이면 두 개든 세 개든 주워 나오면 되지만은 내려갔는데 없으면은 하나 주워올라고 이래 이래 댕기다보면 숨이 다 돼. 이때는 얼른 올라와야 해. (산소통 같은 거 없이) 오직 내 몸으로 하는 거니까. 올라와서 숨소리? 휙~~하고 내지. 속이 다 시원한 거야. 어휴, 이렇게 하는 사람도 있고. 다 다른데 사는 소리지.

박: 바다 가서 식사는 어떻게 하셨어요.

조: 요새는 주로 사먹는다. 아니면 집에 가서 먹는다. 옛날엔 못 사먹었다. 물에 가기 바빠서 사먹지 않았다. 해먹지도 않고 도시락을 싸가 가 물에서 나오면은 가져간 거 먹었다. 요즘은 국수나 사먹고 떡볶이 먹고 그런 거 없었다. 요새는 빵도 가져가고 과자도 가져가고 그런다.

박: 처음부터 고무옷 입으신 세대인가요.

조: 고무옷 없이 했지. 적삼 입고 들어갔어요. 추워도 그냥 했지. 벌벌 떨어. 여름엔 나아도 겨울엔 추워서 너무 힘들다. 불 쬐고 그래도 작은 애 낳을 때쯤 고무옷이 나왔다. 애가 마흔 일곱인가 그러니까. 고무옷이 그 정도. 애 가져서 만삭까지 물에 들어갔다. 전복도 버글버글하면 퍼떡 잡고. 그래도 돈이 안 됐어. 내가 나이 먹어가 물건 못할 때 되니까 돈이 돼. (웃음)

박: 그때는 어촌계가 없었죠?

조: 없었다. 잡고 싶을 때 잡았다. 나중에 생겼지. 해녀들이 어촌계 살림을 하는 거지. 어촌계가 대신 해녀 도와주고.

박: 타 지역 작업도 많이 가셨죠?

조: 응. 하루 당일짜리로 간다. 봉고차 대절해가. 일당 벌어온다. 강구로 삼척으로. 밥이야 뭐. 배 곯아가면서도 했다. 그때는. 와서 살림해야지. 영감 치다꺼리 해야지. 그러다가 다 늙었다. (웃음)

금슬이 남달랐던 부부

박: 돌아가신 남편 보고 싶으시죠.

조: 가는 님을 따라 갈 수 있나. 우리 아저씨랑은 욕 한 번 안 하고 살았다.

박: 금슬이 좋으셨네요.

조: 부부만 한 게 없다. 그러니 늬들도 잘해라. 자식들이 잘해도 영감이 좋지. 아내가 좋지.(웃음) 내 말만 들어라. 남편 아내 잘 챙겨라.

박: 지금은 일 겨의 못 나가시죠?

조: 나이 먹으니 잘 못 가지. 욕심부려도 안 되니까 나름대로만 한다. 운동이나 하는 셈치고. 오만 원도 벌고 십만 원도 벌고. 어촌계 작업 하면 일기 좋으면 나간다. 물이 좋았으면 소라 좀 하려고 했는데. 어제도 방파제 가서 멍게 하고 소라 해서 이십 만원 벌었다.

박: 물에서 제일 무서운 게 뭐였어요.

조: 무서운 적이 없었는데 요즘은 나이 먹으니까 두룽박 타고 가다 밑에 깊은 데 보면 내가 이런 데서 무서운 줄도 모르고 했구나 그런 생각

이 든다.

박: 해녀는 결국 혼자 하는 일이죠.

조: 해녀는 같이 나가도 혼자 하는 거다. 그래도 다른 사람이 위험한지 본다. 그럴 때는 또 같이 하는 거다. 요새는 뭐 대여섯 길밖에 안가니까 편하게 한다. 옛날엔 깊은 길 가는 사람 보면 위험하니까 가지 말라고 말리고 그랬다. 내가 구룡포에 바다 오래 했다. 어느 쪽에 가면 뭐 있다, 바

위 있다, 수심이 깊다 다 안다. 손바닥 안이다. 그런데 이제 나이가 들어가 작업을 마이 못한다.

옛날엔 해삼 전복 마이 했다. 전복은 오래 붙어가 있다. 전복은 수심이 안 깊다. 보면 꼬깨로 딱 떼서 온다. 문어는 도망가지. 사람 가면 꼬깨로 잡거나 작살로 꼽아가 잡지. 문애는 한 번에 못 잡는다. 머리 같은 데 작살 꼽아두면. 다시 내려갔다가 다리가 바위에 세게 붙어 있어. 그럼 떼서 올라오지. 큰 문애는 혼자서 못하니까 친구 불러가 다시 내려가서 잡아 온다. 상황 봐가면서 욕심 부리지 말고 한다. 문애 도와주면 나눠 주는 건 받는 사람도 있고 뭐 이런 걸로 받나 하고 안 받기도 하고. 이게 딱 정해진 게 없다. 하군을 도와주고 그런 건 없지만, 나눠주고 그런 건 있다. 하군한테는 잡은 거 주지. 일을 가르쳐 주고. 여기 깊고 이래 잡고 그렇게 가르쳐 준다.

요즘은 해녀가 없다. 우리 같은 노인들이 사라지니 해녀가 없다. 젊은 사람 받아야 한다. 어촌계서 해녀학교 뭐 한다는데 그렇게 해서 받아야지. 지금 해녀 나이 육십도 별로 없다. 이렇게 십년만 지나면….

해녀는 어릴 때 우리들의 우상이었다

김외순 해녀

해녀는 어릴 때 우리들의 우상이었다

김외순 해녀

친정인 삼정리 살 때는 성게도 생것으로 팔 생각도 먹을 생각도 안 했고 간식으로 삶아 먹었다. 소중이 입고 물일 하는 해녀가 우상처럼 보였다는 김외순 해녀. 대보리에서 식당을 하면서 아직도 해녀 일을 계속한다.

김: 2004년도에 처음 식당을 열었어요. 원래는 아저씨가 배 타고 나는 집안 일 하고 애 키우고. 아저씨는 배멀미를 해서 배를 그만 타야겠다 해서 이제 같이 식당을 하고 있는 거예요. 딸이 같이 해요. 딸 하나 아들 둘. 아들들은 대처 나갔고.

내가 물질을 열 살 때 시작했어요. 꾸뚜바리 뜯어다가 엿도 바까 묵고 떡도 바까 묵고. 하루 일하면 얼마 준다 해서 일도 다녔어요. 처녀 때도. 그러다가 시집와서 돈이 필요하니 다시 물질을 하는데 정식으로 해녀가 된 거지. 해녀들이 밖에 작업 안 다니는 사람들은 일 년에 한두 달 해요. 나도 식당 열기 전에는 강원도도 가고 했어요. 두 달 일해서는 수입이 적으니까. 미역이랑 성게 하러. 미역은 별로 취급을 안 하고(일 하는 것을

안 좋아하고) 성게를 좋아했어요. 돈으로는.

상군이었는지는 몰라도 깊은 데도 했어요. 한 팔 미터 이상. 저 가면 해삼도 굵고 성게도 굵고. 그때는 멍게는 별로 취급을 안 했어요. 싸니까. 저 바위 쪽에 가면 멍게가 빠알갛게 피어 있었어요. 손으로 설 밀면 쫙 밀리거든. 이제 없어.

해녀는 욕심을 부리면 안돼요. 숨이 다 되면 올라와야 하는데 저 해삼이 한 마리 보이면 주사가(주워서) 올라올 때 아슬아슬하지. 그때 결정을 해야 하는데, 더 참고 주사가 올라올지 어떨지. 경험이 있어야 돼. 이삼 미터라면 몰라도 칠팔 미터면 포기하고 올라왔다가 다시 가야지. 미역 일도 힘들어요. 체력도 문제지만 뜯어와도 또 일이 많아. 다리가(달아서) 팔 수 있는 게 제일 좋지. 성게는 물론 잡아와도 일이 많아요. 가족이 도와주

지 않으면 어려워요. 옛날엔 딸이 마이 도와줬다. 쪼만할 때부터. 이 동네 아이들은 다 울었다. 엄마 좀 그만 잡아오라고. 일을 도와야 하니까.

그 귀한 성게를 팔 줄 몰라서 삶아 먹던 시절

옛날에는 성게를 그냥 주워와서 먹었는데 생 걸로 먹는 건 없었다.

김: 삶아가 먹었지. 한 데 솥에 삶아가 꺼내서 쟁반에 놓고 온 가족이 앉아서 까먹는데 얼마나 맛있었다고. 친정이 삼정2동인데, 바다 앞이라. 물 나가면(썰물) 나가서 줍기만 하면 돼. 말똥성게. 또 천초, 도박 뜯고. 도

박도 풀 쑤는 게 있고 먹는 게 따로 있어. 미끌도박이라꼬, 그건 밀가루 묻혀가 쪄서 먹었어. 먹을 게 부족하니까. 천초는 묵 쑤어 먹었고. 식당 손님한테는 지금도 내요. 우뭇가사리 묵. 옛날에 엄마가 여름에 천초 묵을 쑤어서 시원하게 먹고. 그때 배운 걸로 지금 하는 거예요. 묵 쑬 때 힘들어요. 지켜봐야 해요. (끓어서) 넘어뿌니까.

열합(홍합)도 마이 했는데 그때는 해녀가 따가 판다고 생각을 안했어. 따가 삶아서 먹었지. '야, 오늘 열합 따러 가자, 톳 비러(베러) 가자'고 누가 그러면 가서 땄지. 그때야 뭐 소중이 그런 거 안 입고 그냥 입던 옷 입고 갔지. 제주 해녀들이, 내 쪼맨할 때 소중이 입고 일하대. 그때 해녀들이 멋있었지. 우리 우상이었다니까.

박: 해녀가 돈을 버니까 우상이었던 거예요?

김: 아니. 그냥 해녀가 좋았다. 해녀가 천초 같은 거 뜯어가 바닷가에 늘어놓으면 우리가 (떡장수) 할매들한테 바까묵다가 혼나서 뚜드려 맞고. (웃음) 해녀 일을 하면서 우상이 아니라는 걸 알게 됐지. (웃음) 힘들다, 해녀가.

해녀는 요새 지병을 앓고 있다. 그래도 해녀 일은 나간다.

김: 오리발 신고 그러는데 동작이 느려지더라고. 그래서 아픈 걸 알게 됐지. 식당도 딸에게 이제 물려주고.

해녀 도구는 이제 우리는 꼬께 쓰지. 제주 해녀는 빗창 쓰는데 그건 전복 잡을 때 좋거든, 다른 건 빗창을 못 써. 전복을 빗창으로 잡으면 상하는 게 열 마리 중 한 마리라면, 꼬께는 서너 마리가 상한다. 대신 꼬께는 다용도로 쓰니까 좋지. 나는 빗창 안 써봤다. 여기 해녀 중에 빗창 쓰는 사람은 열 중 하나다.

경북 해녀에 상당한 영향을 미친 건 제주 이주 해녀다. 그러나 현지화되면서 점차 도구나 작업 관습 등이 달라졌다. 이제는 경북의 해녀 고유 문화가 형성되었다.

꼬께 하나로 다 된다

김: 꼬께 하나로 다 된다. 멍게는 손으로 밀어서 잡고. 문어도 마이 잡았지. 문어 보는 날은 운이 좋은 날이지. 하루에 네 마리도 잡아봤다. 물 밑에 가다보면 풀풀 나와 문어가.

바람이 마이 불어가 힘들어도 작업은 잘 한다. 닻줄을 돌에 묶어가 해 놓으면 마이 안 흘러가니까. 조류가 세도 그거 따라서 흘러가면서 작업한다. 이쪽에서 흘러가 저쪽으로 가고, 저쪽에서 다시 딴 데로 흘러가고 계

산을 하고 작업을 하니까. 일단 물에 드가면 파도가 세져도 그냥 한다. 끝을 내고 나와야 하니까. 비 오는 거는 뭐 작업이 상관없지. 물에 빗물이 드가면 민물이라 물건에 안 좋지. 그거 말고는 비 올 때 작업도 문제는 없다.

외지인이 해녀가 되는 법

김정희 해녀

외지인이 해녀가 되는 법

김정희 해녀

○

김정희(57) 해녀는 구룡포리 어촌계의 막내급 해녀이며 외지에서 들어온 해녀이기도 하다. 최근 해녀의 대한 정부와 사회의 관심이 높아졌는데, 사실상 해녀 사회의 미래는 불투명하다. 새 해녀 유입이 이루어지지 않기 때문이다. 그래서 김정희 해녀 같은 새로운 해녀는 그만큼 의미가 있다. 그이는 물질이 없는 한여름, 지역 해수욕장에서 지킴이 아르바이트를 한다. 그 일이 끝난 현장에서 인터뷰했다. 이제 해녀 4년차. 영덕로하스수산센터의 정훈진 박사가 같이 인터뷰했다.

박: 해조가 많이 밀려왔네요. 저게 뭡니까.

김: 진저리예요.

박: 아, 진저리. 외지인들, 도시인들은 진저리 모르죠. 전 여기 와서 처음 보고 먹어봤어요. 정말 맛있던데. 말려서 두고도 먹을 수 있고, 진저

리에 대해서 도시인들은 모를 텐데 정말 안타까워요. 뜯어서 팔면 좋을 텐데.

김: 팔긴 합니다.

김 해녀는 특이하게 해녀학교 출신이다. 우리나라에는 제주와 거제에 각각 있다. 그이는 거제에서 나왔다. 제주도도 그렇지만 수료생이 다 해녀가 되는 건 아니다. 아니, 거의 해녀가 되지 않는다. 해녀가 되자면 현지에 이주해서 살아야 하고, 그 커뮤니티에 들어가야 한다. 그게 외지인들이 쉽게 '결심'하기란 어렵다.

김: 정원 한 서른 중에 해녀를 실제 하는 분은 한두 명이나 될까 합니다. 해녀가 되려고 하는 분보다 '추억' 만들기나, 취미로 배우려고 합니다. 그래서 제가 해녀학교 나왔다니까 억수로 (물질을) 잘하는 줄 아는데 실은 초보입니다. (웃음)

박: 해녀학교에 언제 가셨어요.

김: 2018년도 2기생입니다. 가입비가 50만원 있고 졸업을 하면 25만원 돌려줘요.

박: 어떻게 거제 학교를 알았어요.

김: 전 해녀가 제주도에만 있는 줄 알았어요. 나중에 알고보니 경북에도 많더라구요. 거제도에도 해녀학교가 있고, 그래서 앞으로 어떻게 살까 고민도 되고, 취미로 해볼까, 추억을 만들까 해서 입학하게 됐어요. 제가 활동성이 있어서 살림하고 애 기르면서도 뭐 하는 걸 좋아해요. 그래서 해녀학교도 가게 됐어요. 집이 울산이었는데 거제까지 일주일에 한번씩 통학했어요. 울산서 자영업을 했었는데 가게를 닫고 가는 거죠.

해녀학교 출신의 신세대 해녀

박: 왜 이 마을로 오셨어요.

김: 해녀학교 졸업하면 거제도에서만 해녀 생활을 할 수 있는 걸로 알았는데, 졸업할 때 보니까 다른 데 가도 된대요. 그래서 원래 거주지에서 가까운 곳을 찾아보니 구룡포를 알게 됐어요. 수협 통해서 어촌계장님한테 허락을 받으면 된다 해서 마을 어촌계장님한테 전화해서 허락을 받았죠. 사실 해녀학교는 전문적으로 수업을 하지는 않아요. 기본적인 거만 가르쳐주죠. 초보적인 걸 배워요. 막상 해녀가 되면 본격적인 걸 알아서 배워야죠. 학교에서 실습해서 청각, 우뭇가사리도 잘 뜯었어요. 지각, 결석 안하고 졸업했어요.

박: 어촌계에서 해녀로 일을 시작해보니 어떻던가요.

김: 큰 차이가, 뭐랄까 여기 해녀 언니들은 직업이다, 먹고살기 위해서 한다, 이런 강렬함이 있어요. 전 그게 모자랐거든요. 충격이 컸어요. 난 취미 같았고.

해녀 물질 자체는 할만 해요. 내 숨만큼 하니까. 근데 물질 마치고 작업하니까 너무 힘들어요. 성게 까는 거. 그거 하다가 디스크가 심해져서 수술도 했어요. 수십 년 한 언니들이 대단한 거죠.

연고도 없이 무작정으로 와서, 해녀들이 다 희한하다 했어요. 받아주신 게 고맙죠. 봉사활동도 하고 해서 정식 해녀로 받아주셨어요. 어촌계에서 오히려 저를 보고 많이 놀랐다고 해요. 외지에서 해녀 한다고 오니까.

박: 첫 작업 기억나시죠.

김: 해녀학교에서 산 고무옷 입고 와서, 봉사한다고 전복 치패 뿌렸어요. 헛물질을 처음 했는데 전복 작은 거 한 마리 딱 잡았어요. (웃음). 그게 첫 수확물이에요.

박: 숨은 어떻게 버텼어요.

김: 학교에서 숨을 1분 넘게 참아야 합격이에요. 전 세 번 해서 합격했어요. 숨이 타고나게 좋은 건 아니지요.

박: 물질이 숨이 중요하죠.

김: 제 해녀학교 동기가 있어요. 해남이 됐는데, 어떤 지역에 가서 일하다가 나중에 사고로 별이 됐어요. (사망사고가 났다) 그게 늘 걸려요. 전복 같은 거 잡으러 내려가서 한 마리 잡잖아요. 근데 한 마리 더 있다, 그거 잡으러 가면 위험해요. 숨이 모자라. 그래서 늘 걱정하면서 욕심을 버려요. 학교에서도 위험하다고 알려주더군요. 다시 내려가면 물론 전복이 없어져 버려요. 바닷물이 바다 아래에서도 흐르니까 전복도 흘러가버리는 거죠.

모든 것이 새로운 해녀 경험, 내 삶이 달라졌다

해녀를 시작하면서 동기생에게서 생긴 사고는 큰 트라우마였을 것

옛날 해녀 복장을 입고. 과거 작업복으로 요즘은 입지 않는 복장이다.

이다. 없으면 좋았을 일. 어쨌든 그이는 그런 아픔을 딛고 해녀로 일한다. 트라우마가 '안전선' 되는 것이다. 잡는 일의 즐거움은 아마도 인간은 대체로 가지고 있는 본능일 것이다. 그 본능을 김 해녀는 좋아하는 듯하다.

김: 한 오 미터 내려가면 귀에 통증이 옵니다. 더 내려가려면 참고 가야해요. 전 어지간하면 올라와요. 그래서 실력이 안 느는 것 같아요. 해녀 일은 정말 맘에 들어요. 좋아요. 다시 얘기하지만 잡고 나서 성게 까는 게 문제예요. 너무 힘들어요. 젊은이들이 해녀 하라고 하면 아마 이것 때문에 못하지 싶어요. 언니들은 평생 해오던 거라 참고 하는 거 같아요. 미역도 그래요. 바다에서 끊는 건 별거 아니에요. 실어오고, 말리고 하는 게 보통 힘든지 않아요.

전 멀리는 안 가고 구룡포 바다만 가요. 여기 어촌계 해녀에 세 팀이 있어요. 원정을 가고 다른 바다에도 가는 팀도 있고, 구룡포 바다만 가는 팀도 있어요. 전 구룡포만.

박: 구룡포도 해녀학교를 준비하는 것으로 알고 있어요. 김 해녀도 신세대인 셈인데, 앞으로 어떻게 될 것 같아요.

김: 연세가 다들 많으셔서 뭔가 바뀌겠죠. 그 기술이 다 전수되어야 하는데 그게 문제 같아요.

박: 외국인이 해야 될지도 모르겠습니다. 다른 업종이 그렇듯이. 자, 초보의 물질 경험좀 들려주세요.

김: 전복, 소라 잡는 게 재미있어요. 전복도 붙어 있는데 소라도 마찬가지예요. 줍는 게 아니고 세게 붙어 있으면 해녀 호미로 떼야 돼요. 전 빗창과 호미 다 가져가요.

전복이 더우면 안으로 숨고 추우면 밖으로 오고. 전복은 날라도 다닌다고 해요. 전 못 봤어요. 돌 사이, 돌 밑 이런 데 소라, 고둥 같은 데 있으니까 잘 봐야 돼요. 숨이 짧으면 그러니 많이 못 잡아요. 3,4,5월까지 작업이 좋고 여름엔 쉬고요. 보라성게 철이 끝나면 대충 작업이 없어지죠. 헛물질을 하는 게 제일 좋죠. (웃음) 여기 헛물질은 전복과 성게는 잡으면 안 됩니다. 해삼, 고둥, 문어, 게, 열합 이런 거 잡아야 해요. 열합은 큰 거는 손바닥 만해요. 하나만 넣어 국 끓여도 돼요. 홍합밥이 아주 맛있어요. 그런 건 6,7년 산 거라고 해요. 열합 딸려면 힘들어요. 잡고 비틀어야 해요. 숨이 모자라요. 할머니들은 힘이 달리면 안 딸라고 해요. 수염이 세게 붙어 있으니까.

박: 팀에 나이들이 많으시죠.

김: 위로 팔십 넘고, 칠십대, 육십대가 주력이세요. 연세 많죠. 해녀는 일 년에 120만원 이상 수입을 올려야 해녀 자격이 유지됩니다. 일 중심

의 규정이죠. 실무적인 규정이죠. 어른들한테 잘 배워서 오래 해녀 해야죠. 그게 꿈이에요.

어촌계

쓰레기
무단투기금지

일출

2543F
821
4342
R10
143

을어장 관리사무소
안내

북도 해
지 못한 경상북
한 해녀음식
water